Henrik Ibsen, Marie von Borch

Gespenster

Ein Familiendrama in drei Aufzügen

Henrik Ibsen, Marie von Borch

Gespenster
Ein Familiendrama in drei Aufzügen

ISBN/EAN: 9783337351687

Hergestellt in Europa, USA, Kanada, Australien, Japan

Cover: Foto ©Thomas Meinert / pixelio.de

Weitere Bücher finden Sie auf **www.hansebooks.com**

Gespenster
Ein Familiendrama in drei Aufzügen

von

Henrik Ibsen

Aus dem Norwegischen
von
M. von Borch

Leipzig
Druck und Verlag von Philipp Reclam jun.

Alle Rechte vorbehalten.

Den Bühnen und Vereinen gegenüber Manuskript.

Das Aufführungsrecht ist zu erwerben durch den Verlag Felix Bloch Erben, Berlin-Wilmersdorf, Nikolsburgerplatz 3.

Vertretung im Auslande:

Für Dänemark, Norwegen: Folmer Hansen, Kopenhagen, *B. Ny Christiansborg Kalvebod Brygge No. 2.*

Für Holland und Kolonien: *Bureau voor Auteursrecht op Tooneelwerken met Muziek* (Internationales Bureau für Aufführungs- und Urheberrecht), Jan Willem Brouwersplein 29, Amsterdam.

Für Österreich: *Dr.* O. F. Eirich, Wien II, 38 Praterstraße.

Für Schweden: O. Wijkander, Königlicher Hof-Intendant, Stockholm, Beridarebansgatan 17.

Für Ungarn: *Dr.* O. F. Eirich, Savanyukut, Ungarn.

Gespenster.

Personen:

Frau Helene Alving, Witwe des Hauptmanns und Kammerherrn Alving.

Oswald Alving, Maler, ihr Sohn.

Pastor Manders.

Tischler Engstrand.

Regine Engstrand, im Hause bei Frau Alving.

Ort der Handlung auf Frau Alvings Besitzung an einem großen Fjord im westlichen Norwegen.

Erster Aufzug.

Ein geräumiges Gartenzimmer mit einer Thür auf der linken Seitenwand und zwei Thüren auf der rechten Wand. In der Mitte des Zimmers ein runder Tisch, um diesen Stühle; auf dem Tische liegen Bücher, Zeitschriften und Zeitungen. Im Vordergrunde links ein Fenster, an diesem ein kleines Sopha, vor dem ein Nähtisch steht. Den Hintergrund bildet ein offenes, schmäleres Blumenzimmer, das nach außen durch Glaswände mit großen Scheiben abgeschlossen wird. Auf der rechten Seitenwand des Blumenzimmers befindet sich eine Thür, die zum Garten hinunter führt. Durch die Glaswände unterscheidet man eine düstere Fjordlandschaft, welche durch einen gleichmäßigen Regen verschleiert wird.

Tischler Engstrand steht oben an der Gartenthür. Sein linkes Bein ist etwas krumm; unter der Stiefelsohle hat er einen Holzklotz. **Regine** mit einer leeren Blumenspritze in der Hand hindert ihn am Näherkommen.

Regine (mit gedämpfter Stimme). Was willst du? Rühr' dich nicht von der Stelle. Du triefst ja von Regen.

Engstrand. Das ist ja der Regen unseres H e r r g o t t s, mein Kind.

Regine. Des Teufels Regen ist es.

Engstrand. Wie du doch sprichst, Regine. (Hinkt ein paar Schritte weiter ins Zimmer hinein.) Ja, d a s war es, was ich sagen wollte —

Regine. Stoß nicht so mit dem Fuße auf, Mensch! Der junge Herr liegt oben und schläft.

Engstrand. Jetzt liegt er und schläft? Am helllichten Tage?

Regine. Das kümmert dich nicht.

Engstrand. Ich war gestern Abend auf einem Gelage —

Regine. Das glaube ich gern.

Engstrand. Ja, denn wir Menschen sind schwach, mein Kind —

Regine. Ja, das sind wir wirklich.

Engstrand. — — und der Versuchungen sind gar viele auf dieser Welt, siehst du —; und doch stand ich — Gott weiß es — heute Morgen schon um halb sechs Uhr bei meiner Arbeit.

Regine. Schon gut, schon gut, mach' jetzt nur, daß du fort kommst. Ich mag hier nicht stehen und Rendezvous mit dir haben.

Engstrand. W a s magst du nicht haben?

Regine. Ich mag nicht, daß irgend jemand dich hier trifft. Also, geh' deiner Wege.

Engstrand (kommt ein paar Schritte näher). Bei Gott, ich gehe nicht, bevor ich nicht mit dir gesprochen habe. — Heute Nachmittag werde ich mit meiner Arbeit da unten im Schulhause fertig, und dann fahre ich noch diese Nacht mit dem Dampfschiff in die Stadt und nach Hause.

Regine (murmelt). Glückliche Reise!

Engstrand. Dank dir, mein Kind. — Morgen soll ja das Asyl eingeweiht werden, und da wird es wahrscheinlich berauschende Getränke in Hülle und Fülle geben, siehst du. Und niemand soll Jacob Engstrand nachsagen, daß er nicht widerstehen kann, wenn die Versuchung kommt.

Regine. O ho!

Engstrand. Ja, denn morgen kommen hier eine Menge feiner Leute zusammen. Pastor Manders wird ja auch aus der Stadt erwartet.

Regine. Er kommt schon heute.

Engstrand. Da siehst du's also. Und nun wirst du auch wohl begreifen, daß ich ihm keine Ursache geben will, mir etwas nachzureden.

Regine. S o liegen die Dinge also!

Engstrand. W a s liegt?

Regine (sieht ihn fest an). Wozu willst du Pastor Manders jetzt schon wieder verleiten?

Engstrand. Stille! Stille! Bist du verrückt? Wozu i c h Pastor Manders verleiten will? O nein, d a z u ist Pastor Manders viel zu gütig gegen mich gewesen. — Aber siehst du, ich wollte mit dir darüber sprechen, daß ich nun diese Nacht wieder nach Hause reise.

Regine. Meinetwegen. Je früher, je besser.

Engstrand. Ja, aber ich will dich mit haben, Regine.

Regine (mit offenem Munde). Mich mit haben — —? W a s sagst du?

Engstrand. Ich sage, daß ich dich mit nach Hause haben will.

Regine (höhnisch). Nie und nimmer bekommst du mich nach Hause!

Engstrand. O, das werden wir doch sehen!

Regine. Ja; du kannst sicher sein, daß wir das sehen werden. I c h , die ich bei der Kammerherrin Alving aufgewachsen bin? — Ich, die ich hier beinahe wie das Kind vom Hause gehalten worden bin? Ich sollte mit dir nach Hause gehen? In ein solches Heim? Pfui!

Engstrand. Was zum Teufel ist das? Widersetzest du dich deinem Vater, Mädchen?

Regine (murmelt, ohne ihn anzublicken). Du hast oft genug gesagt, daß ich dich nichts angehe.

Engstrand. Bah; was kümmert dich das?

Regine. Hast du mich nicht gar manches liebe Mal beschimpft und gesagt, ich sei ein —? Pfui!

Engstrand. Nein, nein, solch häßliches Wort habe ich niemals gebraucht.

Regine. O, ich weiß noch, welches Wort du gebraucht hast.

Engstrand. Ja, hm! Das war aber nur, wenn ich berauscht war. Und es giebt so viele Versuchungen auf dieser Welt, Regine.

Regine. Mir graut.

Engstrand. Und dann geschah es auch immer nur, wenn deine Mutter mürrisch war. Irgend etwas mußte ich doch auch haben, um sie zu ärgern, mein Kind. Sie wollte immer so fein thun. (Nachahmend.) »Laß mich, Engstrand! Laß mich in Frieden! Ich habe drei Jahre bei Kammerherr Alvings auf Rosenvold gedient, ich!« (Lacht.) Gott bewahre! Sie konnte niemals vergessen, daß der Hauptmann Kammerherr wurde während sie hier diente.

Regine. Arme Mutter! — Sie hast du früh genug zu Tode gepeinigt.

Engstrand (sich aufrichtend). Ja, das versteht sich! Ich bin ja immer an allem Schuld.

Regine (wendet sich ab, halblaut). Ah! — Und dann das Bein!

Engstrand. Was sagst du, mein Kind?

Regine. *Pied de mouton.*

Engstrand. Ist das englisch?

Regine. Ja.

Engstrand. Ja, ja; Unterricht hast du hier draußen genossen, und das kann uns jetzt gut zu Statten kommen, Regine.

Regine (nach kurzem Schweigen). Und was hast du denn für Absichten mit mir in der Stadt?

Engstrand. Kannst du noch fragen, was ein Vater mit seinem einzigen Kinde will? Bin ich nicht ein einsamer und verlassener Witwer?

Regine. O, mir komm' nur nicht mit solchem Gewäsch. W e s h a l b willst du mich durchaus hinein haben?

Engstrand. Ja; du mußt nämlich wissen, daß ich es mit etwas Neuem versuchen will.

Regine. Das hast du schon oft genug versucht; aber es ging immer schief.

Engstrand. Nun ja; aber dies Mal sollst du staunen, Regine! — Der Teufel soll mich holen — —

Regine (stampft mit dem Fuße). Laß das Fluchen!

Engstrand. Still, still! Darin hast du Recht, mein Kind! — Ich wollte dir also erzählen, daß ich bei der Arbeit an diesem neuen Asyl etwas Geld auf die Seite gelegt habe.

Regine. Wirklich? Nun, das ist ja ein Glück für dich.

Engstrand. Wofür kann man denn auch hier auf dem Lande sein Geld ausgeben?

Regine. Nun, und weiter?

Engstrand. Ja, siehst du, da habe ich mir nun so gedacht, das Geld in etwas Lohnendem anzulegen. So eine Art Wirthshaus für Seeleute — —

Regine. Ach, pfui!

Engstrand. Ein f e i n e s Wirthshaus, verstehst du; nicht solch eine Spelunke für Matrosen. Nein, Tod und Teufel, — das soll für Schiffskapitäne und Steuermänner und — — und andere feine Leute sein; begreifst du?

Regine. Und was sollte ich dabei — — — —?

Engstrand. Du solltest dabei helfen, ja. Nur so zum Schein, wie du wohl denken kannst. Du solltest es beim Teufel nicht schwer haben, mein Kind. Du solltest nur thun, was dir gefällt.

Regine. Ja wohl, ja!

Engstrand. Aber Frauenzimmer müssen wir im Hause haben, das ist doch klar wie der Tag. Denn des Abends soll es lustig hergehen mit Gesang und Tanz und dergleichen. Du mußt verstehen, es sind ja reisende Seeleute auf dem Weltenmeer. (Tritt näher.) Sei nun nicht dumm, Regine, und steh' deinem Glück nicht selbst im Wege. Was kann denn hier draußen aus dir werden? Kann es dir irgend etwas nützen, daß Frau Alving dich so viel hat lernen lassen? Ich höre, daß du auf die Kinder im neuen Asyl passen sollst. Ist das vielleicht etwas für dich? Hast du denn so große Lust, dich um der schmutzigen Rangen willen müde und krank zu arbeiten?

Regine. Nein; wenn es ginge, wie i c h möchte, so — — —. Nun, das kann noch kommen! Das kann noch kommen!

Engstrand. W a s kann kommen?

Regine. Das kümmert dich nicht. — Hast du dir hier draußen viel Geld erspart?

Engstrand. Alles in allem können es so gegen 7 bis 800 Kronen sein.

Regine. Das ist nicht übel.

Engstrand. Es ist genug, um etwas damit anzufangen, mein Kind.

Regine. Und denkst du gar nicht daran, mir etwas von dem Gelde zu geben?

Engstrand. Nein, Gott weiß, daß ich nicht daran denke, nein.

Regine. Nicht einmal so viel wie ein armseliges Kleid wirst du mir schicken?

Engstrand. Komm nur mit mir in die Stadt, und du kannst so viele Kleider haben wie du willst.

Regine. Bah! Wenn ich d a z u Lust hätte, so könnte ich es auch auf eigene Hand thun.

Engstrand. Nein, an der führenden Hand eines Vaters geht das besser, Regine. Ich kann jetzt in der Kleinen Hafengasse ein hübsches Haus bekommen. Dazu gehört nicht viel baares Geld; und d a s könnte so eine Art von Seemannsheim werden; siehst du?

Regine. Aber ich w i l l nicht zu d i r gehen! Ich habe nichts mit dir zu schaffen. Geh' doch!

Engstrand. Zum Teufel! Du würdest auch nicht lange bei mir bleiben, mein Kind. S o gut würde es nicht kommen! Wenn du nur verständest dich zu benehmen. So hübsch wie du in dem letzten Jahr geworden bist — —

Regine. Nun? — — —

Engstrand. Da käme dann bald ein Steuermann — — ja, vielleicht gar ein Kapitän — —

Regine. So einen heirathe ich nicht. Die Seeleute haben kein *Savoir vivre*.

Engstrand. W a s haben sie nicht?

Regine. Ich sage, daß ich die Seeleute kenne. Das sind keine Menschen zum heirathen.

Engstrand. So laß das Heirathen. Es kann sich auch anderweitig lohnen. (Vertraulicher.) Er — — der Engländer — mit der Vergnügungsyacht — er gab 300 Speziesthaler; und s i e war nicht hübscher als du.

Regine (ihm entgegen). Hinaus mit dir!

Engstrand (weicht zurück). Nun, nun; du willst doch nicht schlagen?

Regine. Ja! Wenn du über die Mutter sprichst, so schlage ich zu! Hinaus mit dir, sage ich! (Treibt ihn hinauf zur Gartenthür.) Und wirf die Thür nicht ins Schloß; der junge Herr Alving — — —

Engstrand. Schläft, ja, das weiß ich. Es ist doch sonderbar, wie du dich um den jungen Herrn Alving kümmerst! — — (Leise.) Hoho; es ist doch am Ende nicht gar e r , der — — — —?

Regine. Hinaus! und das schnell! Du mußt verrückt sein, Mensch! Nein, nicht d e n Weg. Da kommt Pastor Manders. Ueber die Küchentreppe mit dir.

Engstrand (nach rechts). Ja, ja, ich gehe schon. Aber sprich du mit d e m , der da kommt. E r ist der Mann um dir zu sagen, was ein Kind seinem Vater schuldig ist. Denn ich bin nun doch einmal dein Vater, siehst du. Das kann ich aus dem Kirchenbuch beweisen. (Er geht durch die zweite Thür ab, die Regine geöffnet hat und wieder hinter ihm schließt.)

Regine (sieht hastig in den Spiegel, fächelt sich mit dem Taschentuch und zupft an der Cravatte, dann beschäftigt sie sich wieder mit den Blumen).

Pastor Manders (im Ueberrock mit Regenschirm, eine kleine Reisetasche an einem Riemen über die Schulter gehängt, tritt durch die Gartenthür ins Blumenzimmer). Guten Tag, Jungfer Engstrand.

Regine (wendet sich freudig überrascht um). Nein, seht doch! Guten Tag, Herr Pastor! Ist das Dampfschiff denn schon angekommen?

Pastor Manders. Es ist gerade angekommen. (Geht ins Gartenzimmer.) Dies unaufhörliche Regenwetter ist doch recht ärgerlich.

Regine (geht ihm nach). Es ist aber ein gesegnetes Wetter für den Landmann, Herr Pastor.

Pastor Manders. Ja, darin haben Sie gewiß Recht. Wir Leute aus der Stadt denken so wenig daran. (Fängt an den Ueberrock abzulegen.)

Regine. Kann ich nicht helfen? — — So! — Nein, wie naß er ist! Ich will ihn nur im Vorzimmer aufhängen. Und dann der Regenschirm —; den werde ich zum trocknen aufspannen. (Geht mit den Sachen durch die zweite Thür rechts ab. Pastor Manders nimmt die Reisetasche ab und legt diese sammt seinem Hute auf einen Stuhl. Inzwischen kommt Regine wieder herein.)

Pastor Manders. Ah, es thut wohl, unter Dach und Fach zu kommen. Nun? Hier auf dem Hofe steht doch alles gut?

Regine. Ja, ich danke.

Pastor Manders. Aber viel zu thun für den morgenden Tag; wie?

Regine. O ja, wir haben viel Arbeit.

Pastor Manders. Und Frau Alving ist hoffentlich zu Hause?

Regine. Gewiß, gewiß; sie ist augenblicklich oben und bringt dem jungen Herrn die Chocolade.

Pastor Manders. Ja, sagen Sie mir — ich hörte unten an der Landungsbrücke, daß Oswald nach Hause gekommen sei.

Regine. Ja, er kam schon vorgestern. Wir erwarteten ihn erst heute.

Pastor Manders. Und hoffentlich frisch und gesund?

Regine. Gewiß; ich danke für die Nachfrage. Er ist nur sehr ermüdet von der Reise, denn er ist ohne Aufenthalt von Paris hierher gefahren —; ich glaube beinahe, er hat den Zug auf der ganzen Fahrt nicht einmal gewechselt. Jetzt schläft er wohl ein wenig, deshalb müssen wir leise sprechen.

Pastor Manders. Also leise, leise.

Regine (indem sie einen Lehnstuhl an den Tisch schiebt). Herr Pastor, wollen Sie sich nicht setzen und sich's bequem machen? (Er setzt sich, sie schiebt einen Schemel unter seine Füße.) So! Ist es so recht, Herr Pastor?

Pastor Manders. Danke! Danke; ich sitze hier vortrefflich. (Betrachtet sie.) Wissen Sie, Jungfer Engstrand, ich glaube fast, Sie sind gewachsen, seitdem ich Sie zuletzt gesehen habe.

Regine. Glauben Sie, Herr Pastor? Die gnädige Frau sagt, daß ich auch stärker geworden bin.

Pastor Manders. Stärker geworden? Nun ja, vielleicht ein wenig; — grade hinlänglich. (Kurze Pause.)

Regine. Soll ich Frau Alving vielleicht rufen?

Pastor Manders. Danke, danke, es eilt nicht, mein liebes Kind. — Nun, und sagen Sie mir jetzt, meine gute Regine, wie es Ihrem Vater hier draußen geht.

Regine. Besten Dank, Herr Pastor, es geht ihm ziemlich gut.

Pastor Manders. Als er das letzte Mal in der Stadt war, hat er mich besucht.

Regine. Wirklich? Er ist immer so froh, wenn er mit dem Herrn Pastor reden darf.

Pastor Manders. Und Sie gehen jetzt wohl fleißig zu ihm hinüber?

Regine. Ich? — Ja, gewiß, wenn ich Zeit dazu habe —

Pastor Manders. Ihr Vater ist kein starker Mensch, Jungfer Engstrand. Er braucht eine leitende Hand so nothwendig.

Regine. O ja, das muß ich zugeben!

Pastor Manders. Er braucht jemanden um sich, den er lieb hat, auf dessen Urtheil er Gewicht legen kann. Er selbst gestand das so treuherzig zu, als er das letzte Mal bei mir war.

Regine. Ja, mir hat er dergleichen auch vorgeredet. Aber ich weiß nicht, ob Frau Alving mich entbehren kann, besonders jetzt, wo wir all die Arbeit mit dem neuen Asyl haben werden. Und dann wird es mir auch so schwer, Frau Alving zu verlassen, denn sie war immer so gütig gegen mich.

Pastor Manders. Aber die Kindespflicht, mein gutes Mädchen —. Natürlich müßten wir zuerst die Einwilligung Ihrer Gebieterin haben.

Regine. Ich weiß nicht, ob es sich für mich paßt, — in meinem Alter — den Haushalt eines einzelnen Mannes zu führen.

Pastor Manders. Aber liebe Jungfer Engstrand, es ist ja Ihr eigener Vater, von dem hier die Rede ist!

Regine. Ja, das mag sein, — aber trotzdem! — Ja, wenn ich in ein g u t e s Haus und zu einem wirklich anständigen Herrn kommen könnte — — —

Pastor Manders. Aber, meine liebe Regine — —

Regine. — — zu einem, für den ich Hingebung hegen und wie zu einem Vater aufblicken könnte — —

Pastor Manders. Ja — aber mein liebes, gutes Kind — —

Regine. Denn ich möchte wohl gern hinein in die Stadt. Hier draußen ist es ja so schrecklich einsam, — und Herr Pastor, Sie wissen doch selbst, was es heißt, einsam in der Welt dazustehen. Ich darf wohl sagen, daß ich flink und fleißig bin und den besten Willen habe. Wissen S i e nicht eine solche Stelle für mich, Herr Pastor?

Pastor Manders. Ich?? Nein wahrhaftig nicht.

Regine. Aber lieber, lieber Herr Pastor, — denken Sie auf alle Fälle an mich, wenn, wenn — — —

Pastor Manders (erhebt sich). Gewiß, das werde ich thun, Jungfer Engstrand.

Regine. Ja, denn wenn ich — — —

Pastor Manders. Wollen Sie jetzt nicht Frau Alving holen?

Regine. Sie wird gleich kommen, Herr Pastor. (Nach links ab.)

Pastor Manders (geht ein paar Mal im Zimmer auf und ab; steht dann einige Augenblicke mit den Händen auf dem Rücken im Hintergrunde und sieht in den Garten hinaus. Darauf kommt er wieder an den Tisch, nimmt ein Buch und sieht das Titelblatt an, stutzt, sieht dann noch mehre an). Hm, — ja, ja!

(**Frau Alving** tritt durch die Thür links ein. Ihr folgt **Regine**, welche sofort wieder durch die vordere Thür rechts abgeht.)

Frau Alving (streckt ihm die Hand entgegen). Willkommen, Herr Pastor.

Pastor Manders. Guten Tag, Frau Alving. Hier bin ich, wie ich es versprochen habe.

Frau Alving. Stets mit dem Glockenschlag!

Pastor Manders. Aber Sie können mir glauben, daß es mir schwer geworden ist, fort zu kommen. All diese gesegneten Commissionen und Aemter, in denen ich sitze — —

Frau Alving. Desto liebenswürdiger ist es von Ihnen, daß Sie so früh gekommen sind. Jetzt können wir unsere Geschäfte noch vor dem Mittagessen erledigen. Aber wo ist Ihr Koffer?

Pastor Manders (schnell). Mein Gepäck ist unten beim Landkrämer. Ich werde bei ihm übernachten.

Frau Alving (unterdrückt ein Lächeln). Sind Sie wirklich auch dieses Mal nicht zu bewegen, in meinem Hause zu übernachten?

Pastor Manders. Nein, nein, Frau Alving; ich danke Ihnen bestens; ich bleibe wie gewöhnlich da unten. Es ist so bequem für mich, wenn ich wieder an Bord gehe.

Frau Alving. Nun, Sie sollen Ihren Willen haben. Aber mich sollte doch dünken, daß wir beiden alten Leute — —

Pastor Manders. Gott bewahre mich, wie Sie nur scherzen! Ja, Sie sind heute natürlich so unendlich froh. Einerseits der morgende Festtag — und dann ist ja auch Oswald heimgekehrt.

Frau Alving. Ja, denken Sie nur, wie glücklich ich bin! Vor zwei Jahren war er zum letzten Mal zu Hause. Und jetzt hat er versprochen, den ganzen Winter bei mir zu bleiben.

Pastor Manders. In der That? Das ist schön und kindlich von ihm. Denn das Leben in Rom und Paris muß doch eigentlich mehr Anziehungskraft für ihn haben, als dies ruhige Dasein hier zu Hause.

Frau Alving. Ja, aber sehen Sie, hier zu Hause hat er seine M u tt e r ! O mein lieber, gesegneter Junge, — er hat noch ein Herz für seine Mutter!

Pastor Manders. Nun, es wäre aber auch zu traurig, wenn die Trennung und die Beschäftigung mit der Kunst im Stande wären, die natürlichsten Gefühle zu ertödten.

Frau Alving. Ja, da haben Sie Recht. Aber Gott sei Dank, mit ihm hat es keine Noth. Jetzt bin ich aber begierig, ob Sie ihn wieder erkennen werden. Er muß gleich kommen; er liegt nur noch ein wenig auf dem Sopha, um auszuruhen. — Aber setzen Sie sich, mein lieber Herr Pastor.

Pastor Manders. Danke. Es kommt Ihnen also gelegen — —?

Frau Alving. Ja, gewiß! (Setzt sich an den Tisch.)

Pastor Manders. Gut; jetzt sollen Sie also sehen — (Geht an den Stuhl, auf welchem die Reisetasche liegt, nimmt ein Paquet Papiere aus derselben, setzt sich an das entgegengesetzte Ende des Tisches und sucht einen leeren Platz für seine Papiere.) Hier haben wir also erstens — — (Unterbricht sich.) Sagen Sie mir, Frau Alving, wie kommen d i e s e Bücher h i e r her?

Frau Alving. Diese Bücher? Das sind Bücher, welche ich lese.

Pastor Manders. Lesen Sie s o l c h e Schriften?

Frau Alving. Ja, gewiß thue ich das.

Pastor Manders. Und fühlen Sie, daß Sie durch diese Lectüre besser oder glücklicher werden?

Frau Alving. Mir ist, als würde ich ruhiger.

Pastor Manders. Das ist merkwürdig. Wie das?

Frau Alving. Ja, denn ich erhalte dort gleichsam Erklärung und Bekräftigung dessen, was ich oft selbst gedacht habe. Denn das ist das seltsame, Pastor Manders, — es steht eigentlich durchaus nichts neues in diesen Büchern; es steht nichts anderes darin als das, was die meisten Menschen selbst gedacht und geglaubt haben. Es ist nur, daß die meisten Menschen sich nicht klar darüber werden oder nichts davon wissen wollen.

Pastor Manders. O du mein Gott! Glauben Sie in allem Ernst, daß die meisten Menschen — —?

Frau Alving. Ja, gewiß glaube ich das.

Pastor Manders. Aber doch nicht hier bei uns zu Lande? Nicht hier bei uns?

Frau Alving. O gewiß, auch hier bei uns!

Pastor Manders. Nun, da muß ich aber sagen —!

Frau Alving. Aber was haben Sie denn eigentlich gegen diese Bücher einzuwenden?

Pastor Manders. Einzuwenden? Sie glauben doch wohl nicht, daß ich mich damit beschäftige, solche Erzeugnisse durch zu studiren.

Frau Alving. Das heißt also, Sie k e n n e n nicht einmal, was Sie verdammen?

Pastor Manders. Ich habe hinlänglich ü b e r diese Schriften gelesen, um sie zu mißbilligen.

Frau Alving. Ja, aber Ihre eigene Meinung — —

Pastor Manders. Beste Frau, es giebt gar manche Fälle im Leben, wo man sich auf Andere verlassen muß. Es ist nun einmal so auf dieser Welt; und es ist gut, daß es so ist. Wie sollte es sonst mit der menschlichen Gesellschaft werden?

Frau Alving. Ja, ja, darin mögen Sie Recht haben.

Pastor Manders. Uebrigens läugne ich gar nicht, daß dergleichen Schriften manches Anziehende enthalten können. Und ich verdenke es Ihnen auch gar nicht, wenn Sie sich mit den geistigen Strömungen bekannt zu machen wünschen, welche draußen in der großen Welt vor sich gehen, wie ich höre, — und wo Sie Ihren Sohn so lange umher ziehen ließen. Aber — —

Frau Alving. Aber —?

Pastor Manders (spricht leiser). Aber man spricht nicht darüber, Frau Alving. Man braucht doch wahrhaftig nicht Allen und Jedem Rechenschaft über das abzulegen, was man innerhalb seiner vier Wände liest oder denkt.

Frau Alving. Nein, gewiß nicht; dieser Ansicht bin ich auch.

Pastor Manders. Bedenken Sie doch nur, welche Rücksichten Sie diesem Asyl schulden, das Sie zu errichten beschlossen zu einer Zeit, als Ihre Ansichten über geistige Dinge so grundverschieden waren von Ihren jetzigen; — so weit i c h es zu beurtheilen vermag.

Frau Alving. Ja, ja, das räume ich vollkommen ein. Aber wir wollten ja vom Asyl — — —

Pastor Manders. Wir wollten vom Asyl reden, ja. Also — Vorsicht, beste Frau! Und nun gehen wir zu den Geschäften über. (Oeffnet den Umschlag und nimmt eine Anzahl Papiere heraus.)

Sehen Sie diese hier?

Frau Alving. Sind das die Documente?

Pastor Manders. Ja, und in vollkommenster Ordnung. Sie können glauben, es hat schwer gehalten, sie zu rechter Zeit zu bekommen. Ich habe förmlich eine Pression üben müssen. Die Behörden sind beinahe peinlich gewissenhaft, wo es sich um Entscheidungen handelt. (Sucht in dem Papierbündel.) Sehen Sie, hier ist die gerichtlich bestätigte Uebergabsurkunde des Gehöftes Solvik, Vorwerk des Ritterguts Rosenvold, mit den darauf befindlichen Neubauten an Häusern, Schullokalen, Lehrerwohnung und Kapelle. Und hier ist die Anerkennung der Legate und Stiftungsurkunde. Wollen Sie gefälligst sehen — (Liest.) Die Statuten des Kinderasyls »Zu Hauptmann Alvings ewigem Gedächtnis« —

Frau Alving (blickt lange auf das Papier). — Also d a s ist es.

Pastor Manders. Ich habe die Bezeichnung H a u p t m a n n und nicht Kammerherr gewählt. Hauptmann klingt prunkloser.

Frau Alving. Ja, ja; ganz wie Sie meinen.

Pastor Manders. Und hier ist das Sparkassebuch über das rententragende Kapital, welches ausgesetzt ist, um die Betriebskosten des Asyls zu decken.

Frau Alving. Besten Dank; aber haben Sie die Güte, es der Bequemlichkeit wegen zu behalten.

Pastor Manders. Sehr gern. Ich halte es für das Beste, wenn wir das Geld vorläufig in der Sparkasse liegen lassen. Der Zinsfuß ist zwar nicht sehr verlockend, vier Procent bei sechsmonatlicher Kündigung. Wenn man dann später zu einer guten Pfandobligation kommen könnte, — es müßte natürlich erste Priorität und ein Papier von unzweifelhafter Sicherheit sein, — so könnten wir weiter darüber reden.

Frau Alving. Ja, ja, lieber Pastor Manders, alles das verstehn Sie am besten.

Pastor Manders. Auf alle Fälle werde ich die Augen offen halten. — Und nun noch etwas, über das ich schon mehre Mal mit Ihnen sprechen wollte.

Frau Alving. Und das wäre?

Pastor Manders. Soll das Asylgebäude versichert werden oder nicht?

Frau Alving. Gewiß muß es versichert werden.

Pastor Manders. Sachte, sachte, beste Frau. Betrachten wir die Sache ein wenig näher.

Frau Alving. Ich habe stets alles versichert, sowohl die Gebäude und den Hausrath wie auch die Scheunenvorräthe und die Ackergeräthschaften.

Pastor Manders. Selbstverständlich. Auf Ihrer eigenen Besitzung. Das thue auch ich natürlicherweise. Aber sehen Sie, hier ist es eine ganz andere Sache. Das Asyl soll doch gleichsam einer höheren Lebensaufgabe geweiht sein.

Frau Alving. Ja, aber deshalb — —

Pastor Manders. Für meine eigene Person würde ich natürlich nicht das Geringste darin finden, wenn wir uns gegen alle Möglichkeiten sichern —

Frau Alving. Nun, das sollte ich auch denken.

Pastor Manders. — aber wie verhält es sich mit der Stimmung des Volkes hier in der Gegend? Diese müssen Sie ja besser kennen als ich.

Frau Alving. Hm — die Stimmung —

Pastor Manders. Giebt es hier eine beträchtliche Anzahl von Meinungsberechtigten — von wirklich Meinungsberechtigten, die Anstoß daran nehmen könnten?

Frau Alving. Ja, was verstehen Sie denn eigentlich unter wirklich Meinungsberechtigten?

Pastor Manders. Nun, ich denke in erster Reihe an Männer, die so weit in unabhängiger und einflußreicher Stellung sind, daß man nicht gut unterlassen kann, ihrer Meinung ein gewisses Gewicht beizulegen.

Frau Alving. Deren giebt es hier Mehrere, die sich vielleicht daran stoßen könnten, wenn — —

Pastor Manders. Nun, sehen Sie nur! In der Stadt haben wir eine ganze Menge von dieser Sorte. Denken Sie nur an all die Anhänger meines Amtsbruders! Man könnte wirklich leicht dahin kommen es so aufzufassen, als wenn weder Sie, verehrte Frau, noch ich das rechte Vertrauen auf eine Vorsehung hätten.

Frau Alving. Aber was Sie anbetrifft, lieber Herr Pastor, so wissen Sie doch für alle Fälle selbst, daß — —

Pastor Manders. Ja, ich weiß, ich weiß; — ich habe meine gute Ueberzeugung, das ist wahr. Aber trotzdem würden wir eine falsche und unvortheilhafte Auslegung nicht hindern können. Und diese könnte wieder sehr leicht einen hemmenden Einfluß auf die Thätigkeit des Asyls üben.

Frau Alving. Nun, wenn d a s der Fall wäre, so — —

Pastor Manders. Und ich kann mich auch nicht gänzlich der unangenehmen, — ja, ich kann sogar sagen peinlichen Stellung verschließen, in welche ich möglicherweise kommen könnte. In den leitenden Kreisen der Stadt beschäftigt man sich viel mit dieser Asyl-Angelegenheit. Das Asyl ist ja auch theilweise zum Nutzen der Stadt errichtet, und hoffentlich wird es in nicht unbeträchtlichem Maße dazu dienen, unsere kommunalen Armen-Lasten zu erleichtern. Da ich nun aber Ihr Rathgeber gewesen bin und den geschäftlichen Theil der Sache geführt habe, so muß ich befürchten, daß die Eifersüchtigen und Neider sich zuerst gegen mich wenden würden.

Frau Alving. Ja, d e m sollen Sie sich nicht aussetzen.

Pastor Manders. Gar nicht zu reden von den Angriffen, welche gewisse Blätter und Zeitschriften unzweifelhaft gegen mich richten würden —

Frau Alving. Genug, lieber Pastor Manders; diese Rücksichten sind entscheidend.

Pastor Manders. Sie wollen also nicht, daß wir versichern?

Frau Alving. Nein, lassen wir es.

Pastor Manders (lehnt sich im Stuhl zurück). Aber w e n n nun doch einmal das Unglück hereinbräche? Man kann ja niemals wissen — —. Würden Sie dann den Schaden wieder gut machen können?

Frau Alving. Nein. Das sage ich Ihnen grade heraus. Das könnte ich nicht.

Pastor Manders. Ja, aber wissen Sie, Frau Alving, — dann ist es eigentlich eine bedenkliche Verantwortung, die wir auf uns laden.

Frau Alving. Aber meinen Sie denn, daß wir anders k ö n n e n ?

Pastor Manders. Nein, das ist grade die Sache; wir k ö n n e n eigentlich nicht anders. Wir dürfen uns doch nicht einer schiefen Beurtheilung aussetzen; und wir dürfen auch durchaus in der Gemeinde kein Aergernis geben.

Frau Alving. Sie, als Priester, gewiß nicht.

Pastor Manders. Und mich dünkt doch auch wirklich, wir dürfen darauf bauen, daß das Glück einer solchen Anstalt hold ist, — ja, daß sie unter einem besondern Schutz und Schirm steht.

Frau Alving. Hoffen wir es, Pastor Manders.

Pastor Manders. Wollen wir die Sache also auf sich beruhen lassen?

Frau Alving. Ja, gewiß.

Pastor Manders. Gut. Wie Sie wollen. (Notirt.) Also — n i c h t versichern.

Frau Alving. Es ist übrigens seltsam, daß Sie grade heute über diese Angelegenheit sprachen — —

Pastor Manders. Ich beabsichtigte schon oft, Sie darüber zu befragen —

Frau Alving. — denn gestern hätten wir drüben beinahe eine Feuersbrunst gehabt.

Pastor Manders. Ist das möglich!

Frau Alving. Es hatte übrigens nichts auf sich. Einige Hobelspäne in der Tischlerwerkstätte waren in Brand gerathen.

Pastor Manders. Dort, wo Engstrand arbeitet?

Frau Alving. Ja. Die Leute sagen, daß er oft so unvorsichtig mit den Zündhölzern umgeht.

Pastor Manders. Der Mann hat so viele Dinge in seinem

Kopf, — — so viele Anfechtungen. Gott sei Dank, wie ich höre, befleißigt er sich jetzt indessen, ein tadelloses Leben zu führen.

Frau Alving. So? Wer sagt das?

Pastor Manders. Er selbst hat mich das versichert. Und ein geschickter Arbeiter ist er ja auch.

Frau Alving. O ja, so lange er nüchtern ist —

Pastor Manders. Ja, diese unglückselige Schwäche! Aber er sagt, daß er zuweilen seines kranken Beines wegen trinken m u ß . Als er das letzte Mal bei mir in der Stadt war, hat er mich wirklich tief gerührt. Er kam zu mir, um mir für die Arbeit zu danken, die ich ihm hier verschafft hatte, weil es ihm nun doch möglich gemacht war, mit Regine zusammen zu sein.

Frau Alving. Er sieht sie aber doch nur sehr selten.

Pastor Manders. Nein, er sieht sie täglich; er hat es mir ja selbst gesagt.

Frau Alving. Nun, nun, es kann ja sein!

Pastor Manders. Er fühlt sehr wohl, daß er jemanden braucht, der ihn zurückhält, wenn die Versuchung an ihn herantritt. D a s ist das Liebenswürdige an Jacob Engstrand, daß er selbst so hilflos daher kommt und sich anklagt und seine Schwäche bekennt. Als er das letzte Mal bei mir war und mir erzählte — — — Hören Sie, Frau Alving, wenn es für ihn eine Herzensbefriedigung wäre, Regine wieder bei sich zu Hause zu haben —

Frau Alving (erhebt sich hastig). Regine?!

Pastor Manders. — so müßten Sie sich dem nicht widersetzen.

Frau Alving. O, dem widersetze ich mich ganz entschieden. Und überdies, — Regine bekommt eine Beschäftigung im Asyl.

Pastor Manders. Aber bedenken Sie, er ist doch ihr Vater —

Frau Alving. Ja, i c h weiß am besten, was für ein Vater er ihr gewesen ist. Nein, mit m e i n e r Zustimmung wird sie niemals zu ihm zurückkehren.

Pastor Manders (erhebt sich). Aber beste Frau, ereifern Sie sich nicht so. Es ist traurig, wie sehr Sie den Tischler Engstrand verkennen. Sie waren ja förmlich erschrocken —

Frau Alving (ruhiger). Es ist einerlei. Ich habe Regine zu mir genommen, und bei mir bleibt sie. (Horcht.) Still, lieber Pastor, sprechen wir nicht mehr über diesen Gegenstand! (Ein Freudenstrahl erhellt ihr Gesicht.) Hören Sie! Oswald ist schon auf der Treppe. Jetzt wollen wir nur an i h n denken.

(**Oswald Alving,** in leichtem Rock, den Hut in der Hand, aus einer großen Meerschaumpfeife rauchend, tritt durch die Thür links ein.)

Oswald (bleibt an der Thür stehen). Ich bitte um Verzeihung — ich glaubte die Herrschaften seien im Schreibzimmer. (Tritt näher.) Guten Tag, Herr Pastor.

Pastor Manders (ihn anstarrend). Ah! — Das ist aber sonderbar —

Frau Alving. Ja, was sagen Sie zu d e m da, Pastor Manders!

Pastor Manders. Ich sage, — ich sage —. Nein, aber ist denn das wirklich —?

Oswald. Ja, Herr Pastor, es ist wirklich der verlorene Sohn.

Pastor Manders. Aber mein lieber, junger Freund —

Oswald. Nun also, der h e i m g e k e h r t e Sohn.

Frau Alving. Oswald denkt an die Zeit, als Sie so sehr dagegen waren, daß er Maler wurde.

Pastor Manders. Menschlichen Augen mag ja mancher Schritt bedenklich scheinen, der später trotzdem — (Schüttelt Oswalds Hand.) Nun, willkommen! willkommen! Nein, mein lieber Oswald — Ich darf Sie doch noch bei Ihrem Vornamen nennen?

Oswald. Aber wie wollten Sie mich denn sonst nennen?

Pastor Manders. Gut. Es war also d a s , was ich Ihnen sagen wollte, — Sie dürfen nicht glauben, daß ich den Künstlerstand unbedingt verdamme. Nein, ich nehme an, daß es auch in diesem Stand Viele giebt, die ihren innern Menschen unverderbt bewahren.

Oswald. Das wollen wir hoffen.

Frau Alving (strahlend glücklich). Ich kenne Einen, der sowohl seinen innern wie seinen äußern Menschen unverderbt bewahrt hat, sehen Sie ihn nur an, Pastor Manders.

Oswald (geht auf und ab). Ja, ja, liebste Mutter. Aber lassen wir das.

Pastor Manders. Nun, wahrhaftig, — — das läßt sich nicht läugnen. Und jetzt haben Sie auch schon angefangen, sich einen Namen zu machen. Die Zeitungen haben oft unendlich günstig von Ihnen gesprochen. Ja, übrigens, in letzter Zeit war nicht mehr viel von Ihnen die Rede, wie mich dünkt.

Oswald (der hinten bei den Blumen steht). Ich habe nicht mehr so viel malen dürfen.

Frau Alving. Ein Maler muß sich doch auch zuweilen ausruhen.

Pastor Manders. Das kann ich mir denken. Dann bereitet man sich vor und sammelt neue Kräfte zu einem großen Werke.

Oswald. Ja. — Mutter, speisen wir bald?

Frau Alving. In einer kleinen halben Stunde. Appetit hat er doch, Gott sei Dank.

Pastor Manders. Und Rauchlust auch.

Oswald. Ich fand Vaters Pfeife da oben auf dem Zimmer und da —

Pastor Manders. Aha! Da haben wir es also?

Frau Alving. Was?

Pastor Manders. Als Oswald ins Zimmer trat mit der Pfeife im Munde, war mir's, als stände sein Vater lebendig vor mir.

Oswald. Nein, wirklich?

Frau Alving. O, wie können Sie das nur sagen! Oswald geräth doch ganz mir nach.

Pastor Manders. Ja, aber jener Zug um die Mundwinkel, um die Lippen, erinnert so deutlich an Alving — — besonders jetzt, wo er raucht.

Frau Alving. Durchaus gar nicht. Mich dünkt, Oswald hat eher einen priesterlichen Zug um den Mund.

Pastor Manders. O ja, o ja; mehre meiner Amtsbrüder haben einen ähnlichen Zug.

Frau Alving. Aber stell' die Pfeife jetzt fort, mein lieber Junge; ich mag hier keinen Tabakrauch haben.

Oswald (thut es). Gern. Ich wollte sie nur probiren, denn einmal als Kind habe ich daraus geraucht.

Frau Alving. Du?

Oswald. Ja. Ich war damals noch ganz klein. Aber ich erinnere, wie ich eines Abends zu Vater ins Zimmer kam, und er so lustig und vergnügt war.

Frau Alving. Bah, du erinnerst dich an gar nichts aus jenen Jahren.

Oswald. Doch; ich erinnere mich ganz deutlich, wie er mich auf sein Knie setzte und mich aus der Pfeife rauchen ließ. »Rauche, Junge,« sagte er, »rauch tüchtig!« Und ich rauchte aus aller Kraft, bis ich fühlte, wie ich bleich wurde und der Schweiß mir in großen Tropfen auf der Stirn stand. Da lachte er so herzlich —

Pastor Manders. Das war aber doch seltsam.

Frau Alving. Mein Bester, das hat Oswald nur geträumt.

Oswald. Nein Mutter, das hat mir durchaus nicht geträumt. Denn — erinnerst du d a s nicht noch — da kamst du und trugst mich hinüber in die Kinderstube. Dort wurde mir übel und ich sah, daß du weintest. — — Hat Vater oft solche Possen getrieben?

Pastor Manders. In seiner Jugend war er ein unendlich lebenslustiger Mensch —

Oswald. Und hat doch so viel auf dieser Welt zu Stande gebracht. So vieles, das gut und nützlich; — und er ist doch nicht alt geworden!

Pastor Manders. Ja, mein lieber Oswald Alving, Sie haben in der That den Namen eines thätigen und würdigen Mannes geerbt. Nun, das wird Ihnen hoffentlich ein Sporn sein — —

Oswald. Es s o l l t e so sein, ja.

Pastor Manders. Auf jeden Fall war es schön von Ihnen, daß Sie zu seinem Ehrentage nach Hause kamen.

Oswald. Weniger konnte ich für meinen Vater doch nicht thun.

Frau Alving. Und daß ich ihn jetzt so lange hier behalten kann, — das ist doch das Schönste von ihm.

Pastor Manders. Ja, wie ich höre, werden Sie den ganzen Winter hindurch daheim bleiben.

Oswald. Ich bleibe für unbestimmte Zeit hier, Herr Pastor! — Ach! es ist doch gut, wieder zu Hause zu sein!

Frau Alving (strahlend). Ja, nicht wahr, du?

Pastor Manders (sieht ihn theilnehmend an). Sie sind früh in die Welt hinaus gekommen, mein lieber Oswald.

Oswald. Das ist wahr. Zuweilen denke ich, daß es z u früh war.

Frau Alving. O, durchaus nicht. Das thut einem gesunden Burschen nur gut. Und besonders Einem, der einziges Kind ist. Ein solcher soll nicht zu Hause bei Vater und Mutter sitzen und verhätschelt werden.

Pastor Manders. Das ist eine durchaus bestreitbare Frage, Frau Alving. Das Vaterhaus ist und bleibt doch die rechte Zufluchtsstätte, der beste Aufenthalt für ein Kind.

Oswald. Darin muß ich dem Pastor ganz Recht geben.

Pastor Manders. Sehen Sie nur Ihren eigenen Sohn an. Ja, wir können ja sehr wohl in seiner Gegenwart darüber sprechen. Welches sind die Folgen davon für ihn gewesen? Er ist sechs- bis siebenundzwanzig Jahre alt geworden und hat noch niemals Gelegenheit gehabt, ein ordentliches Heim kennen zu lernen.

Oswald. Um Verzeihung, Herr Pastor, — aber da irren Sie doch.

Pastor Manders. So? — Ich glaubte, Sie hätten ausschließlich nur in Künstlerkreisen verkehrt.

Oswald. Das ist auch der Fall gewesen.

Pastor Manders. Und meistens doch mit den jüngern Künstlern.

Oswald. Ja, gewiß.

Pastor Manders. Aber ich glaubte, daß die Mehrzahl dieser Leute nicht die Mittel besäßen, eine Familie zu gründen und ein Heim zu haben.

Oswald. Zweifelsohne giebt es viele unter ihnen, die nicht Geld genug haben, um sich zu verheirathen.

Pastor Manders. Nun, das ist es ja, was ich sage.

Oswald. Aber deshalb können sie doch ein Heim haben. Und einer oder der andere hat es sogar; und ein sehr ordentliches und behagliches Heim obendrein.

Frau Alving (horcht gespannt, nickt zuweilen, sagt aber nichts).

Pastor Manders. Aber ich spreche ja nicht von Junggesellenwirthschaften. Unter einem Heim verstehe ich ein Familienheim, in welchem ein Mann mit seinem Weibe und seinen Kindern lebt.

Oswald. Ja. Oder mit seinen Kindern und der Mutter seiner Kinder.

Pastor Manders (stutzt; schlägt dann die Hände zusammen). Aber du barmherziger Gott — —!

Oswald. Nun?

Pastor Manders. Zusammen leben mit — — der Mutter seiner Kinder!

Oswald. Ja! Oder wäre es besser, wenn er die Mutter seiner Kinder verstieße?

Pastor Manders. Sie reden also von ungesetzlichen Verhältnissen! Von diesen sogenannten wilden Ehen?!

Oswald. Mir ist niemals etwas besonders Wildes in dem Zusammenleben dieser Leute aufgefallen.

Pastor Manders. Aber wie ist es nur möglich, daß ein — ein einigermaßen wohlerzogener Mann oder ein junges Weib sich dazu verstehen kann in dieser Weise zu leben — so vor den Augen aller Welt!

Oswald. Aber was sollen sie thun? Ein armer, junger Künstler, — ein armes, junges Mädchen —. Es kostet viel Geld, wenn man sich verheirathen will. Was sollen sie denn thun?

Pastor Manders. Was sie thun sollen? Ja, Herr Alving, ich werde Ihnen sagen, was sie thun sollen. Sie sollten sich von Anfang an fern geblieben sein, — d a s sollten sie.

Oswald. Mit solchen Reden werden Sie bei jungen, heißblütigen, verliebten Menschen nicht weit kommen.

Frau Alving. Nein, damit kommen Sie nicht weit!

Pastor Manders. Und daß die Behörden dergleichen dulden! Daß dergleichen ganz offenkundig geschehen darf! (Stellt sich vor Frau Alving.) Nun, hatte ich nicht Ursache, um Ihren Sohn besorgt zu sein? In Kreisen, wo die unverhüllte Unsittlichkeit geduldet wird und sich gleichsam ein Recht erworben hat — —

Oswald. Ich will Ihnen etwas sagen, Herr Pastor. Ich bin ein steter Sonntagsgast an einem paar solcher unregelmäßiger Familienherde gewesen — —

Pastor Manders. Und das noch dazu am Sonntag!

Oswald. Ja gewiß, das ist ja der Tag an dem man sich amüsiren soll. Aber niemals habe ich dort ein anstößiges Wort gehört, und noch weniger war ich Zeuge von irgend etwas, das man unsittlich nennen könnte. Nein; wissen Sie, wann und wo ich die Unsittlichkeit in Künstlerkreisen getroffen habe?

Pastor Manders. Nein, Gott Lob, das weiß ich nicht!

Oswald. Nun, so werde ich mir erlauben, es Ihnen zu sagen. Ich habe sie getroffen, wenn einer oder der andere unserer mustergiltigen Ehemänner und Familienväter hinunter gekommen ist, um sich dort so ein wenig auf eigene Hand umzusehen — und dann den Künstlern die Ehre anthat, sie in ihren bescheidenen Kneipen aufzusuchen. Da konnten wir etwas lernen! Die Herren wußten uns über Dinge und Oertlichkeiten zu erzählen, von denen wir uns niemals hatten träumen lassen.

Pastor Manders. Was? Wollen Sie wirklich behaupten, daß Ehrenmänner von hier zu Hause da draußen — —?

Oswald. Haben Sie denn niemals gehört, wie diese **E h r e n m ä n n e r** bei ihrer Heimkehr sich über die zunehmende Unsittlichkeit im Auslande ausgesprochen haben?

Pastor Manders. Ja, natürlich —

Frau Alving. Das habe auch ich gehört.

Oswald. Ja, man kann ihnen getrost aufs Wort glauben. Sie sind zuweilen sachkundige Leute! (Greift sich an den Kopf.) O — daß das schöne, das herrliche Freiheitsleben da draußen, —

daß es s o besudelt werden muß!

Frau Alving. Du darfst dich nicht ereifern, Oswald; es schadet dir.

Oswald. Du hast Recht, Mutter. Es schadet mir. Siehst du, es ist diese verdammte Müdigkeit. Ich will noch einen kleinen Spaziergang vor dem Mittagsessen machen. Verzeihen Sie, Herr Pastor; Sie können sich nicht hinein denken; aber es überwältigte mich wieder einmal. (Ab durch die zweite Thür rechts.)

Frau Alving. Mein armer Junge —!

Pastor Manders. Ja, Sie haben Ursache, das zu sagen! So weit ist es also mit ihm gekommen!

Frau Alving (sieht ihn an und schweigt).

Pastor Manders (auf und abgehend). Er nannte sich den verlorenen Sohn. Ja, leider, — leider!

Frau Alving (sieht ihn immer noch an).

Pastor Manders. Und was sagen S i e zu all dem?

Frau Alving. Ich sage, daß Oswald mit jedem Worte Recht hatte.

Pastor Manders (hält inne). Recht? Recht! Mit solchen Grundsätzen!

Frau Alving. Hier in meiner Einsamkeit bin ich dahin gekommen eben so zu denken, Herr Pastor. Aber ich habe mich niemals erkühnt, daran zu rühren. Nun wohl; mein Sohn soll für mich sprechen.

Pastor Manders. Sie sind ein beklagenswerthes Weib, Frau Alving. Aber jetzt muß ich ein ernstes Wort mit Ihnen reden. Jetzt ist es nicht mehr Ihr Geschäftsführer und

Rathgeber, Ihr und Ihres verstorbenen Mannes Jugendfreund, der vor Ihnen steht. Es ist der Priester! So wie er in dem schwersten Augenblick Ihres Lebens vor Ihnen stand.

Frau Alving. Und was ist es, das der Priester mir zu sagen hat?

Pastor Manders. Ich muß zuerst an Ihrer Erinnerung rütteln, Frau Alving. Der Augenblick ist gut gewählt. Morgen ist der zehnte Todestag Ihres Gatten; morgen soll das Ehrendenkmal des Verstorbenen enthüllt werden; morgen soll ich zu der ganzen Schaar der Versammelten reden; — aber heute will ich mit Ihnen allein sprechen.

Frau Alving. Gut, Herr Pastor; sprechen Sie!

Pastor Manders. Erinnern Sie sich, daß Sie nach kaum einjähriger Ehe am äußersten Rande des Abgrunds standen? Daß Sie Ihr Haus und Ihr Heim verließen — daß Sie Ihrem Manne entflohen; — ja, Frau Alving, flohen, flohen, und sich weigerten, zu ihm zurückzukehren, wie sehr er auch bat und flehte?

Frau Alving. Haben Sie vergessen, wie grenzenlos unglücklich ich während dieses ersten Jahres war?

Pastor Manders. Das ist grade der rechte Geist des Aufruhrs, der immer das Glück hier im Leben erstrebt. Welches Recht haben wir Menschen denn ans Glück? Nein, wir sollen unsere P f l i c h t thun, Frau Alving! Und I h r e Pflicht war es, fest zu dem Manne zu halten, den Sie einmal gewählt hatten und an den Sie durch ein heiliges Band geknüpft waren.

Frau Alving. Sie wissen sehr wohl, welches Leben Alving in jener Zeit führte, welcher Ausschweifungen er sich schuldig machte.

Pastor Manders. Ich weiß leider, welche Gerüchte über ihn gingen; und ich bin der letzte, der seinen Lebenswandel während der Jugendjahre billigt. Aber die Gattin ist nicht zum Richter über ihren Gatten gesetzt. Es wäre Ihre Schuldigkeit gewesen, mit demüthigem Sinn das Kreuz zu tragen, welches ein höherer Wille Ihnen auferlegt hatte. Aber statt dessen werfen Sie in Empörung dieses Kreuz von sich, verlassen den Strauchelnden, den Sie hätten stützen sollen, gehen hin und setzen Ihren guten Namen und Ihren Ruf aufs Spiel, und — — sind nahe daran, den Ruf anderer obendrein zu verscherzen.

Frau Alving. Anderer? Sie meinen doch nur e i n e s anderen.

Pastor Manders. Es war äußerst rücksichtslos von Ihnen, bei m i r Zuflucht zu suchen.

Frau Alving. Bei unserem Priester? — Bei unserem Hausfreund?

Pastor Manders. Grade deshalb. — Ja, danken Sie Ihrem Herrn und Gott, daß ich die nöthige Festigkeit besaß, — daß ich Sie von Ihrem überspannten Vorhaben abbrachte und daß es mir vergönnt war, Sie auf den Weg der Pflicht zurückzuführen, in Ihr Heim — zu Ihrem rechtmäßigen Gatten.

Frau Alving. Ja, Pastor Manders, d a s war allerdings I h r Werk!

Pastor Manders. Ich war nur ein bescheidenes Werkzeug in der Hand des Höchsten. Und ist es nicht zum größten Segen für all Ihre übrigen Lebenstage geworden, daß es mir gelang, Sie unter das Joch der Pflicht und des Gehorsams zu beugen? Ist es nicht gekommen, wie ich Ihnen vorher sagte? Ließ Alving nicht von seinen Verirrungen ab, so wie es einem Manne gebührt? Verlebte er nicht seit jener Zeit all seine Tage in Liebe und ohne Vorwurf mit Ihnen? Wurde er nicht zum Wohlthäter der ganzen Gegend, und hob er Sie nicht dergestalt zu sich empor, daß Sie ein Mitarbeiter an all seinen Unternehmungen wurden? Und dazu ein tüchtiger Mitarbeiter; — o, ich weiß das, Frau Alving; den Ruhm werde ich Ihnen lassen. — Aber jetzt komme ich zu dem zweiten großen Fehltritt in Ihrem Leben.

Frau Alving. Was wollen Sie damit sagen?

Pastor Manders. Und so wie Sie dereinst die Pflichten der Gattin verläugnet haben, so verläugneten Sie seitdem die Pflichten der Mutter.

Frau Alving. Ah —!

Pastor Manders. Ein unheilschwangerer Geist des Eigenwillens hat Sie während Ihres ganzen Lebens geleitet. Ihr ganzes Sinnen und Trachten ist dem Zwanglosen, dem Ungesetzlichen zugewendet gewesen. Niemals haben Sie irgend einen Zwang ertragen können. Alles, was Sie im Leben beengt und bedrückt hat, haben Sie gewissenlos und rücksichtslos wie eine Bürde abgeworfen, über die Sie selbst Gewalt hatten. Es behagte Ihnen nicht länger, Gattin zu sein — und Sie verließen Ihren Gatten. Es war Ihnen beschwerlich, Mutter zu sein, und Sie schickten Ihr Kind hinaus in die Fremde.

Frau Alving. Ja, das ist wahr; das habe ich gethan.

Pastor Manders. Aber deshalb sind Sie auch eine Fremde für ihn geworden.

Frau Alving. Nein, nein; das bin ich n i c h t !

Pastor Manders. Das s i n d Sie; das m ü s s e n Sie sein. Und wie ist er zu Ihnen zurückgekehrt! Bedenken Sie das wohl, Frau Alving. Sie haben gegen Ihren Gatten ein Verbrechen begangen; — das sehen Sie ein und errichten ihm deshalb jenes Denkmal da unten. Erkennen Sie jetzt aber auch, was Sie gegen Ihren Sohn verbrochen haben; vielleicht ist es noch Zeit, ihn von dem Wege der Verirrung zurück zu führen. Kehren Sie selbst um; und richten Sie in ihm auf, was vielleicht noch aufzurichten ist. Denn (mit erhobenem Zeigefinger) wahrlich, Frau Alving, Sie sind eine schuldbeladene Mutter! — Dies Ihnen zu sagen, habe ich für meine Pflicht gehalten. (Langes Schweigen.)

Frau Alving (langsam und sich beherrschend). Jetzt haben Sie gesprochen, Herr Pastor, und morgen sollen Sie öffentlich zum Gedächtnis meines Mannes reden. Ich werde morgen nicht sprechen; aber jetzt werde ich ein wenig mit Ihnen reden, grade so wie Sie zu mir gesprochen haben.

Pastor Manders. Natürlich, Sie wollen Entschuldigungen für Ihr Betragen vorbringen —

Frau Alving. Nein. Ich will nur erzählen.

Pastor Manders. Nun —?

Frau Alving. Alles das, was Sie hier soeben über mich und meinen Gatten und unser Zusammenleben gesagt, nachdem Sie mich, wie Sie es nennen, auf den Weg der Pflicht zurückgeführt hatten, — alles das sind Dinge, die Sie ja nicht aus eigener Anschauung kennen. Denn seit jenem Augenblick setzten Sie — unser Freund und täglicher Gast — Ihren Fuß ja nicht mehr über unsere Schwelle.

Pastor Manders. Sie und Ihr Gatte verließen die Stadt ja gleich darauf.

Frau Alving. Ja; und hier heraus sind Sie bei Lebzeiten meines Mannes nicht mehr gekommen. Erst die Geschäfte in den Angelegenheiten des Asyls zwangen Sie, mich zu besuchen.

Pastor Manders (leise und unsicher). Helene — soll dies ein Vorwurf sein, so muß ich Sie bitten zu überlegen — —

Frau Alving. — die Rücksichten, welche Sie Ihrer Stellung schuldeten; ja. Und dann war ich ja eine entlaufene Frau! Solchen rücksichtslosen Frauenzimmern gegenüber kann man niemals zurückhaltend genug sein.

Pastor Manders. Liebe — Frau Alving, dies ist eine so ungeheure Uebertreibung.

Frau Alving. Ja, ja, ja, lassen wir das. Ich wollte nur d a s sagen; wenn Sie über meine ehelichen Verhältnisse urtheilen, so stützen Sie sich so ohne Weiteres auf die allgemein verbreiteten Ansichten.

Pastor Manders. Nun ja; und was weiter?

Frau Alving. Aber jetzt, Manders, jetzt werde ich Ihnen die Wahrheit sagen. Ich habe mir geschworen, daß Sie sie einmal erfahren sollten! S i e allein!

Pastor Manders. Und was ist denn die Wahrheit?

Frau Alving. Die Wahrheit ist, daß mein Mann eben so ruchlos starb, wie er all seine Tage gelebt hatte!

Pastor Manders (tastet nach einem Stuhl). W a s sagen Sie?

Frau Alving. Nach neunzehnjähriger Ehe eben so ruchlos — in seinen Neigungen wenigstens — wie er gewesen, bevor Sie uns vor dem Altar verbanden.

Pastor Manders. Und diese Jugendverirrungen — diese Unregelmäßigkeiten, — Ausschweifungen, wenn Sie wollen, nennen Sie ein ruchloses L e b en !

Frau Alving. Unser H a u s a r z t gebrauchte diesen Ausdruck.

Pastor Manders. Jetzt verstehe ich Sie nicht.

Frau Alving. Ist auch nicht nöthig.

Pastor Manders. Mir schwindelt beinahe. Ihre ganze Ehe, — Ihr ganzes vieljähriges Zusammenleben mit Ihrem Gatten sollte nichts anderes gewesen sein als ein überdeckter Abgrund!

Frau Alving. Nichts anderes! Jetzt wissen Sie es.

Pastor Manders. Darin — darin kann ich mich nicht zurechtfinden. Ich kann es nicht fassen! Es nicht begreifen! Aber wie war es denn möglich, daß —? Wie hat so etwas verborgen bleiben können?

Frau Alving. Tag für Tag ist dies auch mein unaufhörlicher Kampf gewesen. Als wir Oswald bekamen, schien es gleichsam etwas besser mit Alving zu werden. Aber das dauerte nicht lange. Und nun mußte ich ja doppelt kämpfen, kämpfen auf Leben und Tod, damit niemand erfuhr, welch ein Mensch der Vater meines Kindes war. Und dann wissen Sie ja auch, wie herzgewinnend Alving sein konnte. Es schien, als konnte niemand anders als gut von ihm denken. Er war einer von jenen Menschen, dessen Ruf besser als sein Leben. — Aber dann, Manders — auch d a s sollen Sie wissen, — — dann kam das Abscheulichste von allem.

Pastor Manders. Noch abscheulicher als dies!

Frau Alving. Ich hatte alles ertragen, obgleich ich sehr wohl wußte, was heimlich außerhalb des Hauses vorging. Aber als dann das Aergernis innerhalb unserer eigenen vier Wände kam —

Pastor Manders. Was sagen Sie! Hier!

Frau Alving. Ja, in unserem eigenen Heim. Da drinnen (zeigt auf die erste Thür rechts) im Speisezimmer war es, wo ich zuerst die Sache entdeckte. Ich hatte dort etwas zu thun, und die Thür stand halb geöffnet. Da hörte ich unser Stubenmädchen mit dem Wasser für die Blumen da drüben aus dem Garten kommen.

Pastor Manders. Nun ja —?

Frau Alving. Gleich darauf hörte ich auch wie Alving kam.

Ich vernahm, daß er leise zu ihr sprach. Und dann hörte ich — (Mit kurzem Lachen.) Ah, es klingt mir heute noch so herzzerreißend und lächerlich in den Ohren; — ich hörte meine eigene Magd flüstern: »Lassen Sie mich los, Herr Kammerherr! Lassen Sie mich in Ruhe!«

Pastor Manders. Welch unbegreiflicher, unverzeihlicher Leichtsinn von ihm! O, mehr als Leichtsinn ist es nicht gewesen, Frau Alving. Glauben Sie mir.

Frau Alving. Ich erfuhr dann bald, was ich zu glauben hatte. Der Kammerherr setzte seinen Willen bei dem Mädchen durch, — und dieses Verhältnis hatte Folgen, Pastor Manders.

Pastor Manders (wie versteinert). Und alles das in d i e s e m Hause! In d i e s e m Hause!

Frau Alving. Ich hatte viel in diesem Hause ertragen. Um ihn des Abends zu Hause zu halten — während der Nacht — mußte ich mich zum Genossen seiner einsamen Gelage oben in seinem Zimmer machen. Da mußte ich allein mit ihm sitzen, mit ihm anstoßen und trinken, auf seine sinnlosen Reden hören, mit Anspannung all meiner Kräfte mit ihm kämpfen, um ihn ins Bett zu schleppen —

Pastor Manders (erschüttert). Und alles dies konnten Sie ertragen?

Frau Alving. Ich hatte meinen kleinen Knaben, für den ich es ertrug. Aber als dann die letzte Verhöhnung kam; als meine eigene Magd —; da schwor ich mir selbst: dies soll ein Ende nehmen! Und da nahm i c h die Gewalt im Hause — die ganze Gewalt — sowohl über ihn, wie über alles andere. Denn sehen Sie, jetzt hatte ich Waffen gegen ihn; er wagte nicht sich zu wehren. Damals wurde Oswald fortgeschickt. Er ging schon in sein siebentes Jahr und begann aufmerksam zu werden und Fragen zu stellen, wie Kinder es zu thun pflegen. Alles das konnte ich nicht ertragen, Manders. Mir war, als müsse das Kind Gift einsaugen, indem es nur in diesem besudelten, entweihten Heim a t h m e t e. Deshalb schickte ich ihn fort. Und jetzt begreifen Sie auch, weshalb er niemals einen Fuß hierher setzen durfte, so lange sein Vater lebte. Niemand weiß, was es mich gekostet hat.

Pastor Manders. Sie haben in Wahrheit das Leben kennen gelernt.

Frau Alving. Und ich würde es ja auch niemals ausgehalten haben, wenn ich meine Arbeit nicht gehabt hätte. Ja, ich darf wohl sagen, daß ich gearbeitet habe! All diese Vergrößerungen der Güter, alle Verbesserungen, all die nützlichen Einrichtungen, für welche Alving Preis und Ruhm erhielt — glauben Sie, daß er für so etwas Interesse oder Beruf hatte? E r, der den ganzen Tag auf dem Sopha lag und in einem alten Staatskalender las?! Nein; jetzt will ich Ihnen auch d a s sagen: i c h war es, die ihn aufrüttelte, wenn er seine lichten Stunden hatte; i c h war es, welche die ganze Last schleppen mußte, wenn er dann von neuem mit seinen Ausschweifungen begann oder in Jammer und Krankheit zusammen fiel.

Pastor Manders. Und d i e s e m Manne errichten Sie ein Ehrendenkmal!

Frau Alving. Da sehen Sie die Macht des bösen Gewissens.

Pastor Manders. Des bösen —? Was meinen Sie damit?

Frau Alving. Es war mir stets, als müsse die Wahrheit doch einmal an den Tag kommen und dann geglaubt werden. Deshalb sollte das Asyl gleichsam alle Gerüchte niederschlagen und alle Zweifel aus dem Wege räumen.

Pastor Manders. Und da haben Sie gewiß Ihren Zweck erreicht, Frau Alving.

Frau Alving. Und dann hatte ich noch e i n e n Grund. Ich wollte nicht, daß Oswald, mein geliebter Knabe, irgend eine Erbschaft seines Vaters antreten sollte.

Pastor Manders. Es ist also von Alvings Vermögen, daß — —?

Frau Alving. Ja. Die Summen, welche ich Jahr für Jahr diesem Asyl geschenkt habe, machen jenen Betrag aus, — ich habe es ganz genau ausgerechnet — jenen Betrag, welcher seiner Zeit Lieutenant Alving zu einer guten Partie machte.

Pastor Manders. Ich verstehe Sie —

Frau Alving. D a s w a r d i e K a u f s u m m e —. Ich will nicht, daß jenes Geld in Oswalds Hände übergehe. Mein Sohn soll a l l e s von m i r empfangen.

(**Oswald Alving** tritt durch die zweite Thür rechts ein; Hut und Ueberrock hat er draußen abgelegt.)

Frau Alving (ihm entgegen). Bist du schon zurück?? Mein lieber, lieber Junge!

Oswald. Ja. Was soll man draußen in diesem ewigen Regenwetter beginnen? Aber ich höre, daß wir zu Tische gehen können. Das ist prächtig!

Regine (mit einem Packet aus dem Speisezimmer). Hier ist ein Packet für die gnädige Frau. (Reicht Frau Alving dasselbe.)

Frau Alving (mit einem Blick auf Pastor Manders). Vermuthlich die Festgesänge für morgen.

Pastor Manders. Hm! —

Regine. Es ist auch schon servirt.

Frau Alving. Gut; wir kommen gleich; ich will nur —
(Beginnt das Packet zu öffnen.)

Regine (zu Oswald). Herr Oswald, wünschen Sie hellen oder dunklen Portwein?

Oswald. Beides, Jungfer Engstrand.

Regine. *Bien!* — sehr wohl, Herr Alving. (Geht ins Speisezimmer.)

Oswald. Ich muß ihr wohl mit dem Entkorken helfen. (Geht ebenfalls ins Speisezimmer, dessen Thür sich halb hinter ihm öffnet.)

Frau Alving (die das Packet geöffnet hat). Ja, in der That; hier haben wir die Festgesänge für morgen, Pastor Manders.

Pastor Manders (mit gefalteten Händen). Wie ich morgen mit freudigem Sinn meine Rede halten soll, das — —!

Frau Alving. O, Sie werden sich schon damit abfinden!

Pastor Manders (leise, damit man ihn im Speisezimmer nicht hört). Ja, es muß sein, denn ein Aergernis dürfen wir doch nicht geben.

Frau Alving (leise aber fest). Nein. Aber d a n n hat die lange, häßliche Komödie auch ein Ende. Von übermorgen an wird es für mich sein, als hätte der Verstorbene niemals in diesem Hause gelebt. Hier soll kein anderer sein als mein Sohn und seine Mutter. (Aus dem Speisezimmer hört man den Lärm eines fallenden Stuhls; zu gleicher Zeit ertönt:)

Regine's Stimme (scharf aber flüsternd). Oswald, aber Oswald! Bist du närrisch? Laß mich!

Frau Alving (fährt entsetzt zusammen). Ah! (Sie starrt wie im Wahnsinn auf die halb geöffnete Thür. Man hört Oswald husten und ein Lied summen. Eine Flasche wird entkorkt.)

Pastor Manders (erregt). Aber was ist denn das! Was i s t das, Frau Alving?

Frau Alving (heiser). G e s p e n s t e r! Das Paar aus dem

Blumenzimmer — geht wieder um.

Pastor Manders. Was sagen Sie! Regine —? Ist s i e —?

Frau Alving. Ja. Kommen Sie. Kein Wort —! (Sie ergreift Pastor Manders Arm und geht schwankend dem Speisezimmer zu.)

Zweiter Aufzug.

Dasselbe Zimmer.

Der Regennebel liegt noch immer über der Landschaft.

Pastor Manders und **Frau Alving** treten aus dem Speisezimmer.

Frau Alving (noch in der Thür). Gesegnete Mahlzeit, Herr Pastor. (Spricht ins Speisezimmer hinein.) Kommst du nicht mit, Oswald?

Oswald (drinnen). Nein, danke; ich will ein wenig ausgehen.

Frau Alving. Ja, thu' das; der Regen hat jetzt nachgelassen. (Schließt die Thür des Speisezimmers, geht zur Vorzimmerthür und ruft:) Regine!

Regine (draußen). Ja, gnädige Frau?

Frau Alving. Geh' hinunter ins Bügelzimmer und hilf mit den Kränzen.

Regine. Sehr wohl, gnädige Frau.

Frau Alving (vergewissert sich, daß Regine geht; schließt dann die Thür).

Pastor Manders. Er kann uns da drinnen doch nicht hören?

Frau Alving. Unmöglich, wenn die Thür geschlossen ist. Ueberdies will er ja spazieren gehen.

Pastor Manders. Ich bin noch ganz betäubt. Ich begreife nicht, wie ich nur einen Bissen von den gesegneten Speisen hinunter bringen konnte.

Frau Alving (sucht ihrer Unruhe Herrin zu werden, auf und ab gehend). Auch ich fasse es nicht. Aber was ist hier zu thun?

Pastor Manders. Ja, was ist zu thun? Ich weiß es meiner Treu nicht; in solchen Dingen bin ich gänzlich unerfahren.

Frau Alving. Ich bin überzeugt, daß bis jetzt wenigstens kein Unglück geschehen ist.

Pastor Manders. Nein, das möge der Himmel verhüten! Aber ein unpassendes Verhältnis ist es trotzdem.

Frau Alving. Das Ganze ist ein loser Einfall Oswalds; davon können Sie überzeugt sein.

Pastor Manders. Ja, wie gesagt, ich verstehe mich auf solche Sachen nicht; aber mich dünkt doch entschieden — —

Frau Alving. Aus dem Hause muß sie auf jeden Fall. Und das sofort. D a s wenigstens ist sonnenklar. —

Pastor Manders. Ja, das versteht sich.

Frau Alving. Aber wohin? Wir können es doch nicht verantworten, sie —

Pastor Manders. Wohin? Natürlich nach Hause zu ihrem Vater.

Frau Alving. Zu w e m meinen Sie?

Pastor Manders. Zu ihrem — Aber nein, Engstrand ist ja nicht —. Aber, mein Gott, Frau Alving, wie ist dies möglich? Vielleicht irren Sie sich doch!

Frau Alving. Leider irre ich mich in keiner Hinsicht. Johanna mußte mir alles bekennen, — — und Alving konnte nicht läugnen. Es blieb nichts anderes mehr zu thun übrig, als die Sache möglichst zu vertuschen.

Pastor Manders. Ja, das war wohl das einzig Mögliche.

Frau Alving. Das Mädchen mußte sofort den Dienst verlassen und bekam eine ziemlich große Summe, um bis auf Weiteres zu schweigen. Für das Uebrige sorgte sie selbst, als sie in die Stadt kam. Sie erneuerte ihre alte Bekanntschaft mit dem Tischler Engstrand; vermuthlich ließ sie ihn auch verstehen, wie viel Geld sie habe, und weiter erzählte sie ihm irgend etwas von einem Ausländer, der während des Sommers mit seiner Vergnügungsyacht hier gelegen haben sollte. Dann wurden Engstrand und sie in aller Eile getraut. Ja, Sie selbst haben sie ja getraut.

Pastor Manders. Aber wie soll ich mir das alles erklären —? Ich erinnere mich noch heute so deutlich, wie Engstrand zu mir kam, um die Trauung zu bestellen. Er war ganz niedergeschmettert und klagte sich so bitter an wegen des Leichtsinns, dessen er und seine Verlobte sich schuldig gemacht hatten.

Frau Alving. Ja, er mußte ja alle Schuld auf sich nehmen.

Pastor Manders. Aber eine solche Falschheit seinerseits! Und das mir gegenüber! Das hätte ich wahrlich Jacob Engstrand nicht zugetraut. Nun, ich werde ihn ordentlich vornehmen, darauf kann er sich verlassen. — Und dann das Unsittliche in einer solchen Verbindung! Um des Geldes Willen! Wie hoch belief sich die Geldsumme, über die das Mädchen verfügen konnte?

Frau Alving. Es waren 300 Speziesthaler.

Pastor Manders. Aber denken Sie nur, — für lumpige 300 Spezies hinzugehen und sich mit einer Gefallenen trauen zu lassen!

Frau Alving. Was sagen Sie denn von m i r, die hinging und sich mit einem gefallenen M a n n e trauen ließ?

Pastor Manders. Aber Gott soll uns behüten! — Was sagen

Sie? — Ein gefallener Mann!

Frau Alving. Glauben Sie vielleicht, daß Alving reiner war, da ich mit ihm an den Altar trat, als Johanna, da sie sich mit Engstrand trauen ließ?

Pastor Manders. Das sind doch aber himmelweit verschiedene Dinge —

Frau Alving. Durchaus nicht so verschieden. Allerdings war ein großer Unterschied im Preise; — lumpige 300 Thaler — und ein ganzes Vermögen!

Pastor Manders. Daß Sie aber so ungleiche Dinge neben einander stellen mögen. Sie hatten sich doch mit Ihrem Herzen und Ihren Angehörigen berathen!

Frau Alving (blickt ihn nicht an). Ich glaubte, Sie hätten errathen, wohin das, was Sie mein Herz nennen, sich damals verirrt hatte.

Pastor Manders (fremd). Hätte ich etwas derartiges errathen, so wäre ich nicht ein täglicher Gast in dem Hause Ihres Mannes gewesen.

Frau Alving. Nun, auf alle Fälle steht es fest, daß ich mich mit mir selbst nicht berieth.

Pastor Manders. Dann aber doch mit Ihren nächsten Verwandten; so wie es vorgeschrieben ist; mit Ihrer Mutter und Ihren beiden Tanten.

Frau Alving. Ja, das ist wahr. Die Drei machten das Rechenexempel für mich. O es ist unglaublich, wie klar sie mir bewiesen, daß es der reine Wahnsinn wäre, einen solchen Antrag auszuschlagen. Wenn meine Mutter jetzt herabsehen und wissen könnte, was aus all der Herrlichkeit geworden ist!

Pastor Manders. Für den Ausgang kann niemand verantwortlich gemacht werden. So viel steht wenigstens fest, daß Ihre Ehe in Uebereinstimmung mit jeder gesetzlichen Ordnung geschlossen wurde.

Frau Alving (am Fenster stehend). Ach ja, die Ordnung und das Gesetz! Manchmal glaube ich beinahe, daß diese beiden alles Unglück hier auf Erden stiften.

Pastor Manders. Frau Alving, jetzt versündigen Sie sich.

Frau Alving. Ja, das mag sein; aber ich ertrage all diese Bande und Rücksichten nicht länger. Ich kann nicht mehr! Ich muß mich zur Freiheit empor arbeiten!

Pastor Manders. Was wollen Sie damit sagen?

Frau Alving (trommelt gegen die Fensterscheiben). Ich hätte Alvings Leben niemals verheimlichen sollen. Aber damals wagte ich nicht anders zu handeln, — auch um meiner selbst willen nicht. So feige war ich.

Pastor Manders. Feige?

Frau Alving. Hätten die Leute etwas erfahren, so würden sie gesagt haben: Armer Mann, es ist ja begreiflich, daß er ausschweifend lebt, er, der eine Frau hat, die ihm davon läuft.

Pastor Manders. Solche Worte hätten auch eine gewisse Berechtigung gehabt.

Frau Alving (blickt ihn fest an). Wenn ich wäre, was ich sein sollte, so würde ich Oswald vornehmen und ihm sagen: Hör', mein Kind, dein Vater war ein gesunkener Mensch —

Pastor Manders. Aber du barmherziger Gott — —

Frau Alving. — — und dann würde ich ihm alles erzählen, was ich Ihnen gesagt habe, — haarklein!

Pastor Manders. Frau Alving, ich bin beinahe empört über Sie!

Frau Alving. Das weiß ich. Das weiß ich ja! Ich selbst empöre mich gegen den Gedanken. (Verläßt das Fenster.) S o feige bin ich!

Pastor Manders. Und Sie nennen es feige, wenn Sie auch noch fernerhin Ihre Pflicht und Schuldigkeit thun. Haben Sie vergessen, daß ein Kind Vater und Mutter ehren soll?

Frau Alving. Nehmen wir die Sache nicht so allgemein. Fragen wir hingegen: soll Oswald Alving den Kammerherrn Alving ehren und lieben?

Pastor Manders. Ist denn keine Stimme in Ihrem Mutterherzen, die Ihnen verbietet, die Ideale Ihres Sohnes zu zertrümmern?

Frau Alving. Und was wird dann aus der W a h r h e i t ?

Pastor Manders. Und was wird aus den I d e a l e n ?

Frau Alving. Ach — Ideale, Ideale! Wenn ich nur nicht so feige wäre, wie ich bin!

Pastor Manders. Verwerfen Sie die Ideale nicht, Frau Alving, — denn das rächt sich bitter. Und besonders bei Oswald. Oswald hat leider nicht so viele Ideale. Aber so viel habe ich doch schon bemerkt, daß sein V a t e r ihm ein Ideal ist.

Frau Alving. Darin haben Sie Recht.

Pastor Manders. Und diese Vorstellungen haben Sie ja selbst durch Ihre Briefe in ihm geweckt und genährt.

Frau Alving. Ja; Pflichten und Rücksichten zwangen mich dazu. Deshalb log ich jahraus, jahrein meinem Jungen gegenüber. Ah! wie feig, — wie feig bin ich gewesen!

Pastor Manders. Es hat eine glückliche Illusion bei Ihrem Sohne befestigt, Frau Alving, — und d a s dürfen Sie wahrlich nicht unterschätzen.

Frau Alving. Hm! — wer weiß, ob d a s sich jetzt als gut erweist. Aber irgend welche Gemeinschaft mit Regine dulde ich unter keinen Umständen. Er soll nicht hingehen und das arme Mädchen unglücklich machen.

Pastor Manders. Nein; du großer Gott, das wäre ja entsetzlich!

Frau Alving. Wenn ich nur wüßte, ob er es ehrlich meint, und ob es zu seinem Glücke führen würde — —

Pastor Manders. Wie? Und was dann?

Frau Alving. Aber dazu würde es nicht führen; denn Regine ist leider nicht derartig veranlagt.

Pastor Manders. Nun, was dann? Was meinen Sie?

Frau Alving. Wenn ich nicht so gottsjämmerlich feige wäre, wie ich es bin, so würde ich zu ihm sagen: »verheirathe dich mit ihr, oder richtet euch ein, wie ihr wollt; aber nur keinen Betrug!«

Pastor Manders. Aber du barmherziger —! Eine gesetzmäßige Ehe dann! Etwas so Entsetzliches —! Etwas so Unerhörtes!

Frau Alving. Ja. Sagen Sie u n e r h ö r t ? Die Hand aufs Herz, Pastor Manders; glauben Sie nicht, daß es da draußen im ganzen Lande umher viele Ehepaare giebt, die eben so nahe verwandt sind?

Pastor Manders. Ich verstehe Sie durchaus gar nicht!

Frau Alving. O, Sie verstehen mich sehr wohl.

Pastor Manders. Nun, — Sie denken sich den möglichen Fall, daß —. Ja, leider ist das Familienleben nicht immer so rein, wie es sein sollte. Aber das, worauf Sie abzielen, sind doch immer nur Dinge, die man nicht wissen kann, — wenigstens nicht mit Bestimmtheit. H i e r hingegen —; daß Sie, die Mutter, zugeben wollen, daß Ihr —!

Frau Alving. Aber ich w i l l es ja nicht. Ich will es um keinen Preis der Welt; das ist's ja grade was ich sage.

Pastor Manders. Aber nur deshalb nicht, weil Sie feig sind, wie Sie sich ausdrücken. Wenn Sie also n i c h t feig wären —! Du mein Schöpfer! — eine so empörende Verbindung!

Frau Alving. Ja, man sagt, daß wir alle miteinander aus solchen Verbindungen stammen. Und wer ist es, der es derartig auf dieser Welt eingerichtet hat, Pastor Manders?

Pastor Manders. Solche Fragen erörtere ich nicht mit Ihnen, Frau Alving; dazu haben Sie durchaus nicht den rechten Sinn. Daß Sie aber zu sagen wagen, es sei nur Feigheit Ihrerseits — —!

Frau Alving. Jetzt sollen Sie hören, wie ich es meine! Ich bin furchtsam und scheu, weil in mir etwas von diesem Gespensterartigen steckt, das ich niemals so recht los werden kann.

Pastor Manders. W i e nannten Sie es?

Frau Alving. Gespensterartig. Als ich Regine und Oswald da drinnen hörte, war mir's, als sähe ich Gespenster vor mir. Aber ich glaube beinahe, Pastor Manders, wir alle sind Gespenster. Es ist nicht allein das, was wir von Vater und Mutter geerbt haben, das in uns umgeht. Es sind allerhand alte, todte Ansichten und aller mögliche alte Glaube und dergleichen. Es lebt nicht in uns; aber es steckt in uns und wir können es nicht los werden. Wenn ich nur eine Zeitung in die Hand nehme, um daraus zu lesen, so ist's mir schon, als sähe ich die Gespenster zwischen den Zeilen umher schleichen. Im ganzen Lande müssen Gespenster leben. Mir ist's, als müßten sie so dicht sein, wie der Sand am Meer. Und dann sind wir alle mit einander ja so gottsjämmerlich lichtscheu.

Pastor Manders. Aha! Da haben wir also die Ausbeute Ihrer Lectüre. Schöne Früchte in der That! O, diese abscheulichen, aufrührerischen, freigeistigen Schriften!

Frau Alving. Sie irren, lieber Pastor. Sie selbst sind der Mann, der mich zum Denken geführt hat, und dafür danke ich Ihnen!

Pastor Manders. Ich!

Frau Alving. Ja; als Sie mich in d a s hinein zwängten, was Sie Pflicht und Schuldigkeit nannten; als Sie das als recht und wahr lobpriesen, wogegen meine ganze Seele sich als etwas Widerliches empörte. Da war es, daß ich Ihre Lehren an meinem eigenen Saum prüfen wollte. Nur einen einzigen, kleinen Stich gedachte ich aufzuziehen; aber als ich d e n gelöst hatte, riß das Ganze auf. — Und da sah ich, daß alles nur Maschinennähterei sei!

Pastor Manders (leise, erschüttert). Sollte d a s der Gewinn aus dem schwersten Kampf meines Lebens gewesen sein?

Frau Alving. Nennen Sie es lieber Ihre traurigste Niederlage!

Pastor Manders. Es war der größte Sieg meines Lebens, Helene; der Sieg über mich selbst.

Frau Alving. Es war ein Verbrechen gegen uns beide.

Pastor Manders. Daß ich Ihnen gebot und sagte: »Weib, geh' heim zu deinem angetrauten Gatten,« als Sie wie im

Wahnsinn zu mir kamen und riefen: »hier bin ich, nimm mich!« War d a s ein Verbrechen?

Frau Alving. In meinen Augen, ja!

Pastor Manders. Wir verstehen einander nicht.

Frau Alving. Wenigstens j e tz t nicht mehr.

Pastor Manders. Niemals, — niemals, nicht einmal in meinen geheimsten Gedanken habe ich anders an Sie gedacht, als an die Gattin meines Freundes.

Frau Alving. Glauben Sie selbst das?

Pastor Manders. Helene —!

Frau Alving. Man verliert sich selbst so leicht aus dem Gedächtnis!

Pastor Manders. Ich nicht. Ich bin derselbe, der ich immer war.

Frau Alving (schlägt einen andern Ton an). Ja, ja, ja; — sprechen wir nicht mehr von alten Zeiten. Jetzt sitzen S i e bis über die Ohren in Commissionen und Aemtern; und i c h gehe hier umher und kämpfe mit sichtbaren und unsichtbaren Gespenstern.

Pastor Manders. Die sichtbaren will ich Ihnen bannen helfen. Nach allem, was ich mit Schrecken heute von Ihnen vernommen habe, kann ich es nicht vor meinem Gewissen verantworten, ein junges, argloses Mädchen in Ihrem Hause zu lassen.

Frau Alving. Halten Sie es nicht für das Beste, wenn wir sie versorgen könnten? Ich meine — durch eine gute Heirath.

Pastor Manders. Ohne Zweifel. Das scheint mir in jeder Beziehung wünschenswerth für sie. Regine ist ja jetzt in dem Alter, wo —: ja, ich verstehe mich nicht recht darauf, aber —

Frau Alving. Regine war schon frühzeitig erwachsen.

Pastor Manders. Ja, nicht wahr? Mir ist, als wäre sie in körperlicher Beziehung schon auffallend stark entwickelt gewesen, als ich sie für die Confirmation vorbereitete. Aber vorläufig muß sie auf jeden Fall nach Hause gehen, unter die Aufsicht ihres Vaters —. Nein, aber Engstrand ist ja nicht — —. Daß er — daß er auf solche Weise mir die Wahrheit verheimlichen konnte! (Starkes Klopfen an der Thür des Vorzimmers.)

Frau Alving. Wer kann d a s nur sein? Herein!

Engstrand (in Sonntagskleidern, in der Thür). Ich bitte unterthänigst um Entschuldigung, aber —

Pastor Manders. Aha! Hm —

Frau Alving. Sind Sie es, Engstrand?

Engstrand. Es war keine von den Dienstmädchen zu sehen, und da nahm ich mir selbst die Freiheit, ein wenig anzuklopfen.

Frau Alving. Nun ja, ja. Kommen Sie nur herein. Wollen Sie mit mir sprechen?

Engstrand (tritt ein). Nein, ich danke unterthänigst. Ich möchte gern mit dem Herrn Pastor ein kleines Wort reden.

Pastor Manders (geht auf und ab). Hm! Mit mir wollen Sie sprechen? Das wollten Sie?

Engstrand. Ja, ich möchte gern — —

Pastor Manders (bleibt vor ihm stehen). Nun, darf ich fragen, w a s Sie möchten?

Engstrand. Ja, es war nämlich das, Herr Pastor, daß wir da unten klariren. Vielen Dank, gnädige Frau. — Und nun sind wir mit allem fertig; und da scheint es mir, daß es so schön und passend wäre, wenn wir, die wir während der ganzen Zeit so ehrlich mit einander gearbeitet haben — wenn wir heute Abend mit einer kleinen Andacht schlössen.

Pastor Manders. Eine Andacht? Unten im Asyl?

Engstrand. Ja, aber wenn es dem Herrn Pastor nicht passend scheint, so —

Pastor Manders. O gewiß scheint es mir das, aber — hm —

Engstrand. Ich habe oft selbst des Abends dort unten eine Andacht gehalten — — —

Frau Alving. Wirklich?

Engstrand. Ja, von Zeit zu Zeit. Was man so eine kleine Erbauung nennt. Aber ich bin ja ein geringer, gemeiner Mann und habe nicht die richtige Gabe, — Gott bessere mich — und so dachte ich, weil doch Herr Pastor Manders grade hier draußen ist, so —

Pastor Manders. Ja, sehen Sie, Tischler Engstrand, ich muß erst eine Frage an Sie richten. Sind Sie in der rechten Stimmung für eine solche Versammlung? Fühlen Sie Ihr Gewissen frei und leicht?

Engstrand. Ach, Gott helfe uns, Herr Pastor, es ist wohl nicht der Mühe werth, über das Gewissen zu reden.

Pastor Manders. Ja, g r a d e werden wir darüber reden. Was haben Sie mir also zu antworten?

Engstrand. Ja, das Gewissen — damit kann es zuweilen schlecht bestellt sein.

Pastor Manders. Das sehen Sie also wenigstens ein! Aber

wollen Sie mir jetzt ohne Umschweif sagen, — wie hängt das mit Regine zusammen?

Frau Alving (heftig). Pastor Manders!

Pastor Manders (beruhigend). Lassen Sie mich nur —

Engstrand. Mit Regine! Jesus, wie Sie mich erschrecken! (Sieht Frau Alving an.) Es ist doch wohl nichts mit Regine geschehen?

Pastor Manders. Das wollen wir hoffen. Aber ich meine, wie hängt die Sache mit Ihnen und Regine zusammen? Sie gelten für Ihren Vater. Nun?

Engstrand (unsicher). Ja — hm — Herr Pastor, Sie wissen ja die Geschichte mit mir und der seligen Johanna.

Pastor Manders. Jetzt keine Verdrehung der Wahrheit mehr. Ihre verstorbene Frau hat Frau Alving den wahren Sachverhalt mitgetheilt, bevor sie aus dem Dienst ging.

Engstrand. Nun, da soll doch gleich —! Hat sie das wirklich gethan?

Pastor Manders. Sie sind also entlarvt, Engstrand.

Engstrand. Und sie, die so heilig geschworen und geflucht — —

Pastor Manders. Fluchte sie!

Engstrand. Nein, sie schwor nur, aber so innig aufrichtig.

Pastor Manders. Und während all dieser Jahre haben Sie die Wahrheit vor mir verheimlicht. Verheimlicht vor m i r, der Ihnen in einem und allem so unbedingt getraut hat.

Engstrand. Ja, leider that ich das.

Pastor Manders. Habe ich das um Sie verdient, Engstrand? Bin ich nicht stets bereit gewesen, Ihnen mit Rath und That an die Hand zu gehen, so weit es in meiner Macht stand? Antworten Sie! War es nicht so?

Engstrand. Es wäre mir gar manches Mal schlecht ergangen, wenn ich Pastor Manders nicht gehabt hätte.

Pastor Manders. Und jetzt danken Sie mir's auf diese Weise. Bringen mich dazu, Unwahrheiten ins Kirchenbuch einzutragen und vorenthalten mir dann Jahre hindurch die Aufklärungen, welche Sie mir und der Wahrheit schuldig waren. Ihre Handlungsweise ist ganz unverantwortlich gewesen, Engstrand; und von heute an ist es mit uns beiden aus!

Engstrand (seufzend). Ja, so wird es wohl sein müssen!

Pastor Manders. Wie wollten Sie sich denn auch rechtfertigen?

Engstrand. Hätte sie denn hingehen sollen und die Schande noch größer machen, indem sie darüber klatschte? Herr Pastor, stellen Sie sich nur vor, daß Sie in derselben Verfassung wären, wie die selige Johanna —

Pastor Manders. Ich!?

Engstrand. Jesus ja, ich meine ja nicht accurat so. Ich meine nur, wenn Sie, Herr Pastor, etwas hätten, wovor Sie sich in den Augen der Menschen zu schämen hätten, wie man so sagt. Wir Mannsleute sollten ein armes Weib nicht zu strenge beurtheilen, Herr Pastor.

Pastor Manders. Aber das thue ich ja gar nicht. Gegen S i e richte ich meine Vorwürfe.

Engstrand. Darf ich vielleicht eine klein winzige Frage thun, Herr Pastor?

Pastor Manders. Meinetwegen, fragen Sie.

Engstrand. Ist es nicht gut und recht, wenn ein Mann eine Gefallene aufrichtet?

Pastor Manders. Selbstverständlich, ja.

Engstrand. Und muß ein Mann sein aufrichtig gegebenes Wort nicht halten?

Pastor Manders. Gewiß muß er das; aber —

Engstrand. Damals, als Johanna ins Unglück gekommen war durch jenen Engländer — oder vielleicht war es auch ein Amerikaner oder ein Rußländer, wie man sie nennt, — damals kam sie in die Stadt. Die Arme! Ein oder zwei Mal hatte sie mich schon verschmäht; denn sie sah ja nur auf das, was schön war; und ich hatte diesen Schaden hier am Bein. Ja, Herr Pastor, Sie erinnern sich ja, ich hatte mich auf einen Tanzboden gewagt, wo seefahrende Leute, wie man so sagt, mit Rausch und Trunkenheit umgingen. Und als ich sie nun ermahnen wollte, ein neues Leben zu beginnen —

Frau Alving (drüben am Fenster). Hm —!

Pastor Manders. Ja, ich weiß, Engstrand. Die rohen Menschen warfen Sie die Treppe hinunter. D i e Begebenheit haben Sie mir schon öfter erzählt. Sie tragen Ihr Gebrechen in Ehren.

Engstrand. Ich brüste mich nicht damit, Herr Pastor. Aber das war's, was ich erzählen wollte. Sie kam damals zu mir und vertraute mir ihr Unglück unter Thränen und Zähneklappern an. Ich muß sagen, Herr Pastor, es that mir so in der Seele weh, das mit anzuhören.

Pastor Manders. W i r k l i c h , Engstrand? Nun, und weiter?

Engstrand. Ja, da sagte ich zu ihr: Der Amerikaner streift auf dem Weltmeer umher. Und du, Johanna, sagte ich, du hast einen S ü n d e n f a l l begangen und bist ein verlorenes Geschöpf. Aber Jacob Engstrand, sagte ich, der steht auf zwei reellen Beinen — ja, das meinte ich so ungefähr wie ein Gleichnis, Herr Pastor.

Pastor Manders. Ich verstehe schon, nur weiter.

Engstrand. Ja, so richtete ich sie auf und heirathete sie ehrlich, damit die Leute nicht erfahren sollten, wie sie sich mit den Ausländern verirrt hatte.

Pastor Manders. Das war schön gehandelt von Ihnen. Ich kann nur nicht billigen, daß Sie sich dazu bequemten, Geld anzunehmen und —

Engstrand. Geld? Ich? Nicht einen Heller.

Pastor Manders (fragend zu Frau Alving gewendet). Aber —!

Engstrand. Ach ja, — warten Sie nur; jetzt fällt mir's ein. Johanna hatte ein paar Schillinge. Aber davon wollte ich nichts wissen: Pfui, sagte ich, Mammon! Sündensold! das elende Gold — oder vielleicht war es auch Papiergeld — — das werfen wir dem Amerikaner wieder ins Gesicht, sagte ich. Aber er war fort und verschwunden über das wilde Meer, Herr Pastor.

Pastor Manders. War er das, mein guter Engstrand?

Engstrand. Ja wohl. Und dann wurden Johanna und ich darüber einig, daß das Kind für das Geld erzogen werden sollte; das geschah auch; und ich kann für jeden einzigen Schilling Rechenschaft ablegen.

Pastor Manders. Aber das verändert die Sache ja ganz bedeutend.

Engstrand. So hängt die Geschichte zusammen, Herr Pastor. Und ich darf wohl sagen, daß ich für Regine ein aufrichtiger

Vater gewesen bin, — so weit meine Kräfte reichten — denn ich bin leider nur ein schwacher Mensch.

Pastor Manders. Nun, nun, mein lieber Engstrand — —

Engstrand. Aber das darf ich wohl sagen, daß ich das Kind in der Furcht erzogen und in Liebe mit der seligen Johanna gelebt und Hauszucht gehalten habe, wie es geschrieben steht. Aber das konnte mir doch niemals einfallen, zu Pastor Manders hinauf zu gehen und mich zu brüsten und ihm zu sagen, daß ich auch einmal im Leben ein gutes Werk gethan habe. Nein, wenn Jacob Engstrand so etwas passirt, so schweigt er hübsch still. Leider kommt so etwas nicht oft vor. Und wenn ich zum Herrn Pastor hinauf komme, so habe ich immer so viel zu sprechen von dem, was schwach und elend ist. Denn ich sage, was ich neulich schon sagte, — das Gewissen kann einen dann und wann gewaltig plagen.

Pastor Manders. Geben Sie mir die Hand, Jacob Engstrand.

Engstrand. Jesus, Herr Pastor!

Pastor Manders. Keine Ausflüchte. (Drückt seine Hand.) So ist's recht!

Engstrand. Und wenn ich den Herrn Pastor schön um Verzeihung bitten dürfte —

Pastor Manders. Sie? Nein, umgekehrt; ich habe Sie um Verzeihung zu bitten — —

Engstrand. Nein! Gott behüte!

Pastor Manders. Ja, wahrhaftig. Und ich thue es von ganzem Herzen. Verzeihen Sie, daß ich Sie so verkennen konnte. Und Gott gebe, daß ich Ihnen bald einen Beweis meines Vertrauens und meines Wohlwollens geben könnte —

Engstrand. Möchten Sie das thun, Herr Pastor?

Pastor Manders. Mit dem allergrößten Vergnügen —

Engstrand. Nun, dazu wäre gleich eine Gelegenheit. Mit dem gesegneten Gelde, das ich mir hier draußen erspart habe, denke ich in der Stadt so eine Art von Seemanns-Heim zu gründen.

Frau Alving. D a s wollen Sie?

Engstrand. Ja, es sollte so eine Art Asyl werden. Die Versuchungen sind so mannigfaltig für den Seemann, der auf dem Festlande wandelt. Aber bei mir, in solchem Hause, wäre er wie unter Aufsicht eines Vaters, dächte ich.

Pastor Manders. Was sagen S i e dazu, Frau Alving?

Engstrand. Es ist nicht viel, womit ich beginnen kann, Gott bessere es; aber wenn irgend ein Wohlthäter mir nur die Hand reichte, so — —

Pastor Manders. Ja, überlegen wir die Sache näher. Ihr Vorhaben sagt mir ganz außerordentlich zu. — Aber jetzt gehen Sie nur hinunter und machen Sie alles in Ordnung, zünden Sie Licht an, damit es ein wenig feierlich aussieht. Dann werden wir eine schöne Erbauungsstunde mit einander halten, mein lieber Engstrand; denn jetzt glaube ich wirklich, daß Sie in der rechten Stimmung sind.

Engstrand. Mir scheint es auch so, ja. Und nun leben Sie wohl, Frau Alving, ich danke Ihnen für alles. Behüten Sie mir die Regine auch gut. (Trocknet eine Thräne.) Johanna's Kind — hm, es ist wunderlich damit — aber es ist grade als ob sie mir fest ans Herz gewachsen wäre. Ja, ja, es ist so! (Er grüßt und geht durch das Vorzimmer ab.)

Pastor Manders. Nun, was sagen Sie jetzt von dem Manne, Frau Alving? D a s war eine a n d e r e Erklärung, die wir da gehört haben.

Frau Alving. Ja, das war es allerdings!

Pastor Manders. Da sehen Sie nun wieder, wie sehr wir uns hüten müssen, einen Menschen zu verdammen. Freilich ist es dann wiederum auch eine große Freude, einzusehen, daß man einen Irrthum begangen hat. Oder was meinen S i e dazu?

Frau Alving. Ich meine, daß Sie ein großes Kind sind und bleiben werden, Manders.

Pastor Manders. Ich?

Frau Alving (legt ihre beiden Hände auf seine Schultern). Und ich meine weiter, daß ich Lust hätte, meine beiden Arme um Ihren Hals zu schlingen.

Pastor Manders (zieht sich hastig zurück). Nein, nein, Gott behüte uns! — solche Gelüste —

Frau Alving (lächelnd). Ach! Sie fürchten sich sogar vor mir!

Pastor Manders (am Tische stehend). Sie haben zuweilen eine so übertriebene Art und Weise, sich auszudrücken. — Doch jetzt will ich erst die Documente sammeln und sie in meine Tasche legen. (Thut es.) Das wäre also geschehen. Und nun leben Sie inzwischen wohl. Passen Sie auf, wenn Oswald zurück kommt. Ich komme später wieder zu Ihnen. (Nimmt seinen Hut und geht durch die Vorzimmerthür ab.)

Frau Alving (seufzt tief auf, blickt einen Augenblick zum Fenster hinaus, räumt ein wenig im Zimmer auf und will dann in das Speisezimmer gehen, bleibt aber mit einem unterdrückten Aufschrei in der Thür stehen). Oswald! Du sitzest noch bei Tische!

Oswald (im Speisezimmer). Ich rauche nur meine Cigarre zu Ende.

Frau Alving. Wolltest du nicht einen kleinen Spaziergang machen?

Oswald. In solchem Wetter? (Ein Glas klirrt. Frau Alving läßt die Thür offen stehen und setzt sich mit ihrem Strickzeug auf das Sopha am Fenster.)

Oswald (von drinnen). War es nicht Pastor Manders, der eben fort ging?

Frau Alving. Ja, er ist zum Asyl hinunter gegangen.

Oswald. Hm! (Glas und Karaffe klirren wieder.)

Frau Alving (mit bekümmerter Miene). Lieber Oswald, du solltest mit dem Liqueur vorsichtig sein. Er ist sehr stark.

Oswald. Er ist gut bei so feuchtem Wetter.

Frau Alving. Willst du nicht lieber zu mir herein kommen?

Oswald. Da drinnen darf ich ja nicht rauchen.

Frau Alving. Du weißt doch, daß du eine C i g a r r e rauchen darfst!

Oswald. Ja, ja, dann komme ich. Nur noch einen kleinen Tropfen. — Gleich! (Er tritt mit seiner Cigarre ins Zimmer und schließt die Thür hinter sich. — Kurze Pause.)

Oswald. Wohin ist der Pastor gegangen?

Frau Alving. Ich sagte dir ja schon, hinunter ins Asyl.

Oswald. Ach ja, das ist wahr.

Frau Alving. Du solltest nicht so lange bei Tische sitzen, Oswald.

Oswald (mit der Cigarre auf dem Rücken). Aber Mutter, ich fühle mich so gemüthlich dabei. (Streichelt sie.) Denk' nur, — was ist das doch für mich, der jetzt heimgekehrt ist, an Mutters Tisch zu sitzen, in Mutters Zimmer — und Mutters gute

Speisen zu essen.

Frau Alving. Mein lieber, lieber Junge!

Oswald (ein wenig ungeduldig, geht rauchend auf und ab). Und was soll ich hier sonst auch beginnen? Ich habe nichts zu thun —

Frau Alving. Schaffe dir etwas zu thun — —

Oswald. Bei diesem düstern Wetter? Den ganzen Tag keinen Sonnenstrahl? (Auf und ab gehend.) Ach ja, d a s — nicht arbeiten zu können —!

Frau Alving. Vielleicht war es doch nicht wohl überlegt von dir, heim zu kommen.

Oswald. D o c h , Mutter; es m u ß t e sein.

Frau Alving. Ja, denn zehn Mal lieber will ich das Glück entbehren, dich zu Hause zu haben, als daß du —

Oswald (bleibt am Tisch stehen). Aber sag' mir doch, Mutter, ist es wirklich ein so großes Glück für dich, mich hier zu haben?

Frau Alving. Ob es ein Glück für mich ist!

Oswald (zerknittert eine Zeitung). Mir ist's, als müsse es dir gleichgiltig sein, ob ich lebe oder nicht.

Frau Alving. Und du hast das Herz, deiner Mutter das zu sagen?

Oswald. Du hast ja früher so gut ohne mich leben können.

Frau Alving. Ja; ich habe o h n e dich gelebt; — es ist wahr. (Pause. Die Dämmerung beginnt langsam sich herab zu senken. Oswald geht auf und nieder. Er hat die Cigarre fortgelegt.)

Oswald (bleibt vor Frau Alving stehen). Mutter, darf ich mich neben dich auf das Sopha setzen?

Frau Alving (macht ihm Platz). Ja, komm mein lieber Junge.

Oswald (setzt sich). Ich muß dir etwas sagen, Mutter.

Frau Alving (gespannt). Nun?

Oswald (starrt vor sich hin). Ich kann es nicht länger ertragen.

Frau Alving. Was! Was ist es?

Oswald (wie zuvor). Ich habe nicht den Muth gehabt, es dir zu schreiben; und seitdem ich wieder daheim bin — — —

Frau Alving (erfaßt seinen Arm). Oswald! Was ist es!

Oswald. Sowohl gestern wie heute habe ich versucht, die Gedanken von mir zu weisen, — mich los zu machen. Aber es geht nicht.

Frau Alving (erhebt sich). Jetzt mußt du offen reden, Oswald!

Oswald (zieht sie wieder auf das Sopha herab). Bleib, Mutter, und ich will versuchen, es dir zu sagen. — Ich habe über Müdigkeit nach der Reise geklagt —

Frau Alving. Nun ja. Und was weiter?

Oswald. Aber das ist es nicht; — keine gewöhnliche Müdigkeit —

Frau Alving (will aufspringen). Du bist doch nicht krank, Oswald?

Oswald (zieht sie wieder auf das Sopha). Bleib, Mutter. Nimm es nur ruhig. Ich bin ja auch nicht wirklich krank; nicht das, was man gewöhnlich krank nennt. (Schlägt die Hände über dem Kopf zusammen.) Mutter, ich bin geistig gebrochen, — vernichtet, — ich kann niemals wieder arbeiten! (Verbirgt das Gesicht in den Händen, wirft sich in den Schoos der Mutter, und bricht in lautes Weinen aus.)

Frau Alving (bleich und zitternd). Oswald! Sieh mich an! Nein, nein, das ist nicht wahr.

Oswald (blickt verzweifelt zu ihr auf). Niemals wieder arbeiten können! Niemals! — niemals! Lebendig todt sein! Mutter, kannst du dir etwas so Entsetzliches vorstellen?

Frau Alving. Mein unglücklicher Sohn! Wie ist dies Furchtbare über dich gekommen?

Oswald (richtet sich wieder empor). Ja, das ist's ja grade, was mir unmöglich ist zu fassen und zu begreifen. Ich habe niemals ein stürmisches Leben geführt. In keiner Beziehung. Das darfst du nicht von mir glauben, Mutter! Das habe ich n i e gethan!

Frau Alving. Das glaube ich auch nicht, Oswald.

Oswald. Und trotzdem ist dies über mich gekommen! Dieses entsetzliche Unglück!

Frau Alving. Aber es wird wieder besser werden, mein lieber, gesegneter Junge. Es ist nichts als Ueberanstrengung. Das kannst du glauben.

Oswald (schwermüthig). Das glaubte ich anfangs auch; aber — es ist nicht der Fall.

Frau Alving. Erzähle mir alles von Anfang bis zu Ende.

Oswald. Das will ich auch.

Frau Alving. Wann hast du es zuerst bemerkt?

Oswald. Gleich nachdem ich das letzte Mal zu Hause war und nach Paris zurückkam. Da bekam ich die heftigsten Kopfschmerzen — meistens im Hinterkopf, wie es mir schien. Es war als würde mir ein enger Eisenring um

Nacken und Kopf geschraubt.

Frau Alving. Und dann?

Oswald. Anfangs glaubte ich, es sei nichts Anderes, als der gewöhnliche Kopfschmerz, der mich in meiner Jugend so sehr gequält.

Frau Alving. Ja, ja —

Oswald. Aber dem war nicht so; das merkte ich bald. Ich konnte nicht mehr arbeiten. Ich wollte ein neues, großes Bild beginnen; aber es war, als hätten alle Kräfte mich verlassen; ich war wie gelähmt; ich konnte mich nicht mehr zu festen Vorstellungen sammeln; mir schwindelte, — alles ging im Kreise. Ah, es war ein entsetzlicher Zustand! Schließlich ließ ich den Arzt holen, — und von ihm erfuhr ich die Wahrheit.

Frau Alving. Wie meinst du das?

Oswald. Er war einer der größten Aerzte dort unten. Ich mußte ihm erzählen, was ich empfand; und dann begann er, mir eine Menge Fragen zu stellen, die mir scheinbar gar nicht zur Sache gehörig schienen; ich begriff nicht wo hinaus der Mann wollte — —

Frau Alving. Nun?

Oswald. Und schließlich sagte er dann: schon seit Ihrer Geburt haben Sie diese wurmstichige Stelle; — ja, er gebrauchte grade den Ausdruck »*vermoulu*«.

Frau Alving (gespannt). Was meinte er damit?

Oswald. Auch ich verstand ihn anfangs nicht und bat ihn um eine nähere Erklärung. Und da sagte der alte Cyniker — (Ballt die Faust.) — Ah —!

Frau Alving. Was sagte er?

Oswald. Er sagte: Die Sünden der Väter werden an den Kindern heimgesucht.

Frau Alving (erhebt sich langsam). Die Sünden der Väter —!

Oswald. Ich hätte ihn beinahe zu Boden geschlagen —

Frau Alving (geht durch das Zimmer). Die Sünden der Väter —

Oswald (lächelt schwermüthig). Ja, was sagst du dazu? Ich versicherte ihn selbstverständlich, daß von solchen Dingen gar nicht die Rede sein könne. Aber meinst du, daß er mir glaubte? Nein; er blieb bei seiner Meinung; und erst, als ich deine Briefe hervor nahm und ihm all jene Stellen übersetzte, die vom Vater handelten —

Frau Alving. D a —?

Oswald. Ja, d a mußte er einräumen, daß er auf falscher Fährte; — und dann erfuhr ich die Wahrheit. Die unfaßbare Wahrheit! Ich hätte mich fern halten sollen von diesem jubelnden, glückseligen Jugendleben mit den Kameraden. Es sei für meine Kräfte zu stürmisch gewesen. Selbstverschuldet, also!

Frau Alving. Oswald! Nein, nein! Glaub' das nicht!

Oswald. Es sei keine andere Erklärung möglich, sagte er. D a s ist das Entsetzliche. Unheilbar vernichtet für das g a n z e Leben — — durch meine eigene Unbesonnenheit. — All das Schöne, das Große, das ich auf dieser Welt geschaffen haben würde, — nicht einmal daran denken dürfen, — nicht daran denken k ö n n e n! — Ach, könnte ich das Leben von neuem beginnen, — alles, alles ungeschehen machen! (Wirft sich aufs Sopha, verbirgt das Gesicht.)

Frau Alving (ringt die Hände, geht schweigend aber sichtbar kämpfend auf und ab).

Oswald (nach einer Pause aufblickend und auf den Ellenbogen gestützt liegen bleibend). Wenn es wenigstens ererbt gewesen wäre, — etwas, das ich nicht selbst verschuldet. Aber d i e s e s ! Sein eignes Glück, — seine Gesundheit, — alles auf der Welt, — seine Zukunft — sein Leben auf so schmähliche, gedankenlose, leichtsinnige Weise vergeudet zu haben —! Fürchterlich!

Frau Alving. Nein, nein, mein lieber, theurer Sohn; das ist unmöglich! (Beugt sich über ihn.) Es steht nicht so verzweifelt mit dir wie du glaubst.

Oswald. O, du weißt nicht — (Springt auf.) Und dann, Mutter, daß ich d i r all diesen Kummer bereiten muß! Wie manches Mal habe ich doch gewünscht und gehofft, daß du mich nicht so innig lieben möchtest!

Frau Alving. Ich! Oswald, mein einziger Sohn! Das Einzige, was ich auf der Welt besitze; das Einzige, woran meine Seele hängt.

Oswald (ergreift ihre beiden Hände und küßt sie). Ja, ja, ich sehe es wohl. Wenn ich hier bei dir daheim bin, so sehe ich es. Und das ist grade das Schwerste für mich. — Aber nun weißt du es. Laß uns heute nicht mehr darüber sprechen. Ich darf niemals lange daran denken. (Auf und ab gehend.) Schaffe mir etwas zu trinken, Mutter!

Frau Alving. Trinken? Was willst du jetzt trinken?

Oswald. Ach, irgend etwas. — Du hast ja kalten Punsch im Hause.

Frau Alving. Ja; — aber mein lieber Oswald —

Oswald. Widersprich mir nicht, Mutter. Sei gut! Ich m u ß etwas haben, um all diese nagenden Gedanken hinunter zu spülen. (Geht ins Blumenzimmer.) Und dann — — wie dunkel es hier ist!

Frau Alving (zieht einen Glockenzug rechts).

Oswald. Dieses ununterbrochene Regenwetter obendrein. Woche auf Woche kann es anhalten; — ganze Monate. Niemals einen Sonnenstrahl zu sehen! Ich kann mich nicht erinnern, hier in der Heimat jemals Sonnenschein gesehen zu haben.

Frau Alving. Oswald —! Du denkst daran, von mir zu reisen!

Oswald. Hm — (Athmet schwer.) Ich denke an gar nichts. K a n n an nichts denken! (Leise.) Das gebe ich auf.

Regine (aus dem Speisezimmer). Haben Sie geläutet, gnädige Frau?

Frau Alving. Ja, bring' uns die Lampe.

Regine. Sofort. Sie ist schon angezündet. (Ab.)

Frau Alving (geht zu Oswald). Oswald, verheimliche mir nichts.

Oswald. Das thue ich ja nicht, Mutter. (Geht an den Tisch.) Ich denke, ich habe dir schon genug gesagt.

Regine (bringt die Lampe und stellt sie auf den Tisch).

Frau Alving. Hör', Regine, du könntest uns eine halbe Flasche Champagner bringen.

Regine. Sehr wohl, gnädige Frau. (Geht wieder hinaus.)

Oswald (nimmt Frau Alvings Kopf in beide Hände). So ist's recht. Ich wußte wohl, daß Mutter ihren Jungen nicht verdursten lassen würde.

Frau Alving. Du mein armer, lieber Oswald; wie sollte ich dir noch irgend etwas verweigern können?

Oswald (lebhaft). Ist das wahr, Mutter? Meinst du das wirklich?

Frau Alving. Wie? Was?

Oswald. Daß du mir nichts verweigern kannst?

Frau Alving. Aber lieber Oswald — —

Oswald. Stille! —

Regine (bringt auf einer Platte eine halbe Flasche Champagner und zwei Gläser, die sie auf den Tisch stellt). Soll ich aufmachen —?

Oswald. Nein danke, das thue ich selbst. (Regine geht wieder hinaus.)

Frau Alving (setzt sich an den Tisch). Was war es, — das ich dir nicht verweigern sollte?

Oswald (mit dem Oeffnen der Flasche beschäftigt). Zuerst ein Glas — oder zwei. (Der Pfropfen springt, schenkt in das eine Glas und will auch in das zweite schenken.)

Frau Alving (hält die Hand drüber). Danke — für mich nicht.

Oswald. Nun, dann für mich! (Er leert das Glas, füllt es aufs neue und leert es wieder; dann setzt er sich an den Tisch.)

Frau Alving (erwartungsvoll). Nun?

Oswald (ohne sie anzublicken). Hör' mich an. Mir war's, als seien du und Pastor Manders so — hm, so schweigsam während des Mittagessens gewesen.

Frau Alving. Hast du das bemerkt?

Oswald. Ja. Hm — (Nach einer kurzen Pause.) — Sag' mir, — was denkst du von Regine?

Frau Alving. Was ich denke?

Oswald. Ja. Ist sie nicht herrlich?

Frau Alving. Lieber Oswald, du kennst sie nicht so genau wie ich.

Oswald. Nun?

Frau Alving. Regine ist leider zu lange bei ihrem Vater daheim geblieben. Ich hätte sie früher zu mir nehmen sollen.

Oswald. Ja, aber ist sie nicht herrlich anzusehen, Mutter? (Füllt sein Glas.)

Frau Alving. Regine hat viele und große Fehler —

Oswald. Nun ja; was thut das? (Trinkt wieder.)

Frau Alving. Aber ich halte trotzdem viel von ihr; und ich habe die Verantwortlichkeit für sie übernommen. Um keinen Preis der Welt möchte ich, daß ihr etwas geschähe.

Oswald (springt auf). Mutter! Regine ist meine einzige Rettung!

Frau Alving (erhebt sich). Was meinst du damit?

Oswald. Ich kann all diese Seelenqual nicht länger allein tragen.

Frau Alving. Hast du nicht deine Mutter, die sie dir mit trägt?

Oswald. Ja, das hoffte ich; und deshalb kehrte ich heim zu dir. Aber es geht nicht auf diese Weise. Ich sehe es ein, es geht nicht. Ich kann das Leben hier nicht ertragen!

Frau Alving. Oswald!

Oswald. Ich muß ein anderes Leben führen, Mutter. Und deshalb muß ich fort von dir. Ich will nicht, daß du es mit ansiehst.

Frau Alving. Mein unglücklicher Sohn! Aber Oswald, so lange du so krank bist wie jetzt —

Oswald. Wenn es nur die Krankheit allein wäre, so würde ich bei dir bleiben, Mutter. Denn du bist die treuste Freundin.

Frau Alving. Ja, nicht wahr, Oswald? Bin ich das nicht?

Oswald (geht unruhig umher). Aber es sind diese Qualen, — die

Reue, — — und dann die furchtbare, tödtliche Angst. O — diese entsetzliche Angst!

Frau Alving (geht ihm nach). Angst? — Welche Angst? Was meinst du?

Oswald. Ach, frag' mich nicht weiter. Ich weiß es nicht. Ich kann es dir nicht beschreiben.

Frau Alving (nach rechts, zieht den Glockenzug).

Oswald. Was willst du thun?

Frau Alving. Ich will, daß mein Junge lustig sein soll; das will ich. Er soll hier nicht umher gehen und grübeln. (Zu Regine, die in die Thür tritt.) Mehr Champagner! Eine ganze Flasche. (Regine geht.)

Oswald. Mutter!

Frau Alving. Glaubst du vielleicht, daß wir hier draußen auf dem Lande nicht auch zu leben verstehen?

Oswald. Ist sie nicht prächtig anzusehen? Wie sie gewachsen ist! Und so kerngesund!

Frau Alving (setzt sich an den Tisch). Setz dich, Oswald, und laß uns ruhig sprechen.

Oswald (setzt sich). Du weißt wohl nicht, Mutter, daß ich an Regine ein Unrecht wieder gut zu machen habe.

Frau Alving. Du!

Oswald. Oder eine kleine Unbedachtsamkeit — wie du es nun nennen willst. Uebrigens sehr unschuldig. Als ich das letzte Mal zu Hause war —

Frau Alving. Nun?

Oswald. — da fragte sie mich so oft nach Paris, und ich

erzählte ihr dies und jenes von dort. So erinnere ich mich, daß ich sie eines Tages fragte, ob sie nicht auch Lust habe, hin zu kommen. —

Frau Alving. Und weiter?

Oswald. Ich sah, daß sie feuerroth wurde, und dann sagte sie: ja, dazu hätte ich wahrhaftig Lust. — Ja, ja, antwortete ich, dazu kann wohl Rath werden, — oder etwas Aehnliches.

Frau Alving. Was dann?

Oswald. Ich hatte das Ganze natürlich vergessen; als ich sie aber vorgestern fragte, ob sie froh sei, daß ich jetzt so lange zu Hause bleiben würde —

Frau Alving. Da?

Oswald. — da sah sie mich so seltsam an und fragte dann: was wird jetzt aber aus meiner Reise nach Paris?

Frau Alving. Ihre Reise!

Oswald. Und so erfuhr ich denn, daß sie die Sache ernst genommen hatte, daß sie während der ganzen Zeit an mich gedacht und angefangen hatte, französisch zu lernen.

Frau Alving. Deshalb also —

Oswald. Mutter, — als ich in jenem Augenblick das prächtige, schmucke, kernfrische Mädchen vor mir stehen sah — früher hatte ich sie ja gar nicht beachtet — wie sie so vor mir stand, gleichsam mit offenen Armen um mich zu umfangen —

Frau Alving. Oswald!

Oswald. — da ward es mir klar, daß in ihr meine Rettung sei; — denn in ihr ist Lebensfreudigkeit!

Frau Alving (erstaunt). Lebensfreudigkeit? — Kann die Rettung bringen?

Regine (mit einer Champagnerflasche aus dem Speisezimmer). Verzeihen Sie, daß ich so lange blieb, aber ich mußte in den Keller hinunter — (Stellt die Flasche auf den Tisch.)

Oswald. Bring' noch ein Glas.

Regine (sieht ihn verwundert an). Das Glas der gnädigen Frau steht da, Herr Alving.

Oswald. Ja; aber hol' noch eins für dich selbst, Regine.

Regine (zuckt zusammen und wirft einen hastigen, scheuen Seitenblick auf Frau Alving).

Oswald. Nun?

Regine (leise und zögernd). Geschieht es mit dem Willen der gnädigen Frau?

Frau Alving. Hol' das Glas, Regine. (Regine geht ins Speisezimmer.)

Oswald (blickt ihr nach). Hast du bemerkt, wie sie geht? So fest und muthig!

Frau Alving. Das wird n i c h t geschehen, Oswald.

Oswald. Die Sache ist abgemacht. Das siehst du ja. Es nützt nichts mehr, dagegen zu reden.

Regine (kommt mit einem leeren Glas, das sie in der Hand behält).

Oswald. Setz dich, Regine.

Regine (sieht fragend auf Frau Alving).

Frau Alving. Setz dich nur.

Regine (setzt sich auf einen Stuhl neben der Thür des Speisezimmers und hat noch immer das leere Glas in der Hand).

Frau Alving. Oswald, — was war doch das, was du von der Lebensfreudigkeit sagtest?

Oswald. Ja, die Lebensfreudigkeit, Mutter, — die kennt ihr hier zu Hause wenig. Ich verspüre sie hier niemals.

Frau Alving. Auch nicht, wenn du bei mir bist?

Oswald. Niemals, wenn ich zu Hause bin. — Doch das verstehst du nicht.

Frau Alving. Doch, doch, ich glaube beinahe, daß ich es verstehe — jetzt!

Oswald. Diese — und dann die Arbeitsfreudigkeit. Ja, das ist im Grunde beinahe dasselbe. Aber auch von d e r wisset ihr hier nichts.

Frau Alving. Darin magst du Recht haben. Oswald, laß mich mehr davon hören.

Oswald. Ja, ich meine nur, daß euch hier gelehrt wird zu glauben, daß die Arbeit ein Fluch und eine Sündenstrafe sei — und daß das Leben ein jämmerliches Etwas, mit dem man je früher, desto besser zu Ende kommt.

Frau Alving. Ein Jammerthal, ja. Und dazu machen wir es auch ehrlich und redlich.

Oswald. Aber von solchen Dingen wollen die Menschen da draußen nichts wissen. Da giebt es niemanden mehr, der noch an solche Lehren glaubt. Da draußen empfindet man das bloße Dasein als etwas so jubelnd Glückseliges. Mutter, hast du nicht bemerkt, daß a l l e s was ich gemalt habe, sich um die Lebensfreudigkeit dreht? Immer und beständig um die Lebensfreudigkeit. Da draußen sind Licht und Sonnenschein und Sonntagsluft — und strahlende, glückliche Menschengesichter. — Deshalb fürchte ich mich, hier bei dir in der Heimat zu bleiben.

Frau Alving. Du fürchtest dich? Was fürchtest du hier bei mir?

Oswald. Ich fürchte, daß alles, was in mir tobt, h i e r in Unsittlichkeit ausarten könnte.

Frau Alving (blickt ihn fest an). Glaubst du, daß d a s geschehen würde?

Oswald. Das weiß ich gewiß. Wenn man auch hier zu Hause dasselbe Leben lebt, wie da draußen, — es ist ja d o c h nicht dasselbe Leben.

Frau Alving (die gespannt gelauscht hat, erhebt sich mit großen, gedankenvollen Augen und sagt): Jetzt sehe ich den Zusammenhang.

Oswald. Was siehst du?

Frau Alving. Jetzt sehe ich ihn zum ersten Mal. Und jetzt darf ich reden.

Oswald (erhebt sich). Mutter, ich verstehe dich nicht.

Regine (die sich ebenfalls erhoben hat). Soll ich vielleicht gehen?

Frau Alving. Nein, bleib. Jetzt kann ich reden. Jetzt, mein Sohn, sollst du alles wissen. Und dann kannst du wählen. Oswald! Regine!

Oswald. Sei still. Der Pastor —

Pastor Manders (tritt durch die Vorzimmerthür ein). So, so! Jetzt haben wir da unten eine herzerweckende Stunde gehabt.

Oswald. Wir auch.

Pastor Manders. Engstrand muß mit seinem Seemannsheim

geholfen werden. Regine muß mit ihm ziehen und ihm behilflich sein —

Regine. Nein, danke Herr Pastor.

Pastor Manders (bemerkt sie jetzt erst). Was? — Hier —? und mit einem Glase in der Hand?

Regine (stellt das Glas schnell fort). Pardon —!

Oswald. Regine geht mit mir, Herr Pastor.

Pastor Manders. Geht mit Ihnen!

Oswald. Ja. Als mein Weib, — wenn sie es verlangt.

Pastor Manders. Aber du barmherziger —!

Regine. Es ist nicht meine Schuld, Herr Pastor.

Oswald. Oder sie bleibt hier — wenn ich bleibe.

Regine (unwillkürlich). Hier —?!

Pastor Manders. Frau Alving — Sie versteinern mich!

Frau Alving. Keins von beiden wird geschehen, denn jetzt kann ich offen reden.

Pastor Manders. Aber das werden Sie doch nicht thun! Nein, nein, nein!

Frau Alving. Doch, ich k a n n und ich w i l l. Und trotzdem werden keine Ideale fallen.

Oswald. Mutter, was ist es, das mir verheimlicht wird!

Regine (horchend). Gnädige Frau! Hören Sie! Draußen schreien die Leute. (Sie geht ins Blumenzimmer und sieht hinaus.)

Oswald (am Fenster links). Was ist los? Woher kommt der Lichtschein?

Regine (schreit). Es brennt im Asyl!

Frau Alving (stürzt ans Fenster). Es brennt!

Pastor Manders. Es brennt? Unmöglich. Ich war ja soeben noch dort unten.

Oswald. Wo ist mein Hut? Nein, ich brauche ihn nicht —. Das Asyl des Vaters —! (Läuft durch die Gartenthür hinaus.)

Frau Alving. Mein Tuch, Regine! Es brennt lichterloh!

Pastor Manders. Entsetzlich! — Frau Alving, das ist das Strafgericht, das über dieses Haus der Verirrung leuchtet!

Frau Alving. Ja, ja, gewiß. Komm, Regine. (Sie und Regine eilen durch das Vorzimmer hinaus.)

Pastor Manders (schlägt die Hände zusammen). Und nichts assecurirt! (Den Vorigen nach.)

Dritter Aufzug.

Dasselbe Zimmer.

Alle Thüren geöffnet. Die Lampe steht noch brennend auf dem Tische. Draußen Dunkelheit; nur links im Hintergrund ein schwacher Lichtschimmer.

(**Frau Alving** mit einem großen Tuche über dem Kopf, steht oben im Blumenzimmer und blickt hinaus. **Regine**, die ebenfalls in ein Tuch gehüllt ist, steht hinter ihr.)

Frau Alving. Alles abgebrannt! Bis auf den Grund!

Regine. Es brennt noch in den Kellern.

Frau Alving. Daß Oswald nicht herauf kommt! Es giebt ja nichts mehr zu retten.

Regine. Soll ich ihm nicht seinen Hut hinunter tragen?

Frau Alving. Hat er nicht einmal seinen Hut aufgesetzt?

Regine (zeigt ins Vorzimmer hinaus). Nein, dort hängt er.

Frau Alving. So laß ihn hängen. Jetzt muß er doch herauf kommen. Ich will selbst nachsehen. (Ab durch die Gartenthür.)

Pastor Manders (kommt durch das Vorzimmer). Ist Frau Alving nicht hier?

Regine. Sie ist soeben in den Garten hinunter gegangen.

Pastor Manders. Dies ist die schrecklichste Nacht meines Lebens!

Regine. Ja, ist es nicht ein grausames Unglück, Herr Pastor?

Pastor Manders. Ach, sprechen Sie nicht davon! Ich darf gar nicht darüber nachdenken.

Regine. Aber wie kann es nur zugegangen sein —?

Pastor Manders. Fragen Sie mich nicht, Jungfer Engstrand! Wie kann i c h das wissen? Wollen S i e vielleicht auch —? Ist es nicht genug, daß Ihr Vater —?

Regine. Was ist mit ihm?

Pastor Manders. Ach, er hat mich ganz verwirrt im Kopf gemacht.

Engstrand (tritt durch das Vorzimmer ein). Herr Pastor —!

Pastor Manders (wendet sich erschreckt um). Kommen Sie mir auch hierher nach?!

Engstrand. Ja, Gott soll mich strafen —! O, du guter Heiland! Aber dies ist eine garstige Geschichte, Herr Pastor!

Pastor Manders (geht auf und ab). Leider! Leider!

Regine. Was giebt es denn?

Engstrand. Ja, siehst du, das kam von dieser Andacht. (Leise.) Jetzt haben wir den Vogel endlich, mein Kind! (Laut.) Und daß ich Schuld daran sein muß, daß Pastor Manders s o etwas verschuldet!

Pastor Manders. Aber ich versichere Sie, Engstrand —

Engstrand. Niemand anders als Sie, Herr Pastor, hat da unten mit dem Licht hantirt.

Pastor Manders (steht still). Ja, das behaupten S i e . Aber ich kann mich durchaus nicht erinnern, ein Licht in der Hand gehabt zu haben.

Engstrand. Und ich habe so deutlich g e s e h e n , Herr Pastor, daß Sie das Licht nahmen und es mit den Fingern putzten, und darauf die Schnuppe zwischen die Hobelspäne warfen.

Pastor Manders. Das haben Sie g e s e h e n ?

Engstrand. Ja, das habe ich d e u t l i c h gesehen.

Pastor Manders. Das kann ich unmöglich glauben. Es ist doch sonst nicht meine Gewohnheit, das Licht mit den Fingern zu putzen.

Engstrand. Ja, es sah auch sehr ungeschickt aus; wirklich. Aber kann es denn gefährlich werden, Herr Pastor?

Pastor Manders (geht unruhig auf und ab). Ach! Fragen Sie mich nicht!

Engstrand (geht neben ihm). Herr Pastor, assecurirt haben Sie es auch nicht?

Pastor Manders (immer gehend). Nein, nein, nein; das hören Sie ja.

Engstrand (immer neben ihm). Nicht assecurirt! Und dann hinzugehen und das Ganze anzuzünden! Jesus, Jesus, was für ein Unglück!!

Pastor Manders (trocknet sich den Schweiß von der Stirn). Ja, das können Sie wohl sagen, Engstrand.

Engstrand. Und daß dies noch obendrein mit einer Wohlthätigkeitsanstalt geschehen mußte, die für Stadt und Land vom Nutzen sein sollte, wie die Leute sagen. Die Zeitungen werden nicht sauber mit dem Herrn Pastor umgehen; das kann ich mir vorstellen.

Pastor Manders. Das ist's ja grade, worüber ich nachdenke. Das ist das Schlimmste bei der ganzen Sache. All diese gehässigen Angriffe und Beschuldigungen —! Ach, es ist fürchterlich, nur daran zu denken!

Frau Alving (kommt aus dem Garten). Er ist nicht zu bewegen, von den Löscharbeiten fort zu gehen.

Pastor Manders. Ach, sind Sie da, Frau Alving!

Frau Alving. Nun sind Sie Ihrer Festrede doch überhoben worden, Pastor Manders!

Pastor Manders. Ach, ich würde ja mit Freuden —

Frau Alving (gedämpft). Es war am besten, daß es kam, wie es kam! Dieses Asyl wäre niemand zum Segen geworden.

Pastor Manders. Glauben Sie das wirklich?

Frau Alving. Glauben S i e das nicht?

Pastor Manders. Es war aber trotzdem ein furchtbares Unglück.

Frau Alving. Wir wollen kurz und bündig darüber sprechen, wie über eine Geschäftssache. — Engstrand, warten Sie auf den Pastor?

Engstrand (an der Vorzimmerthür). Ja, das thue ich.

Frau Alving. Dann setzen Sie sich so lange.

Engstrand. Danke; ich kann auch stehen.

Frau Alving (zu Pastor Manders). Jetzt reisen Sie vermuthlich mit dem nächsten Dampfschiff?

Pastor Manders. Ja. In einer Stunde geht es ab.

Frau Alving. Sein Sie so gut, alle Papiere wieder mit zu nehmen. Ich will von der ganzen Sache kein einziges Wort mehr hören. Jetzt habe ich an andere Dinge zu denken — —

Pastor Manders. Frau Alving —

Frau Alving. Später werde ich Ihnen Vollmacht senden,

alles nach Ihrem Gutdünken zu ordnen.

Pastor Manders. Das werde ich herzlich gern übernehmen. Die ursprüngliche Bestimmung des Legats muß jetzt leider gänzlich verändert werden.

Frau Alving. Das versteht sich.

Pastor Manders. Dann denke ich es vorläufig so zu ordnen, daß das Vorwerk Solvik der Landgemeinde zufällt. Die Felder und Wiesen sind ja durchaus nicht werthlos. Sie werden immer zu irgend einem Zweck ausgenutzt werden können. Und die Zinsen des contanten Rückstandes, der in der Sparkasse liegt, könnte ich vielleicht verwenden um ein oder das andere Unternehmen zu stützen, welches der Stadt von Nutzen ist.

Frau Alving. Wie Sie wollen! Das Ganze ist mir jetzt durchaus gleichgiltig.

Engstrand. Denken Sie an mein Seemanns-Heim, Herr Pastor!

Pastor Manders. Ja, zuverlässig, sobald es dazu kommt. Nun, das muß noch genau überlegt werden.

Engstrand. Zum Teufel mit dem Ueberlegen! Nein!

Pastor Manders (seufzend). Und ich weiß ja leider auch gar nicht, wie lange ich noch etwas mit diesen Dingen zu thun haben werde; ob die öffentliche Meinung mich nicht zwingen wird, abzutreten. Das hängt ja alles von dem Resultat der Branduntersuchung ab.

Frau Alving. Was sagen Sie?

Pastor Manders. Und das Resultat läßt sich im voraus gar nicht berechnen.

Engstrand (näher tretend). O gewiß läßt es sich berechnen.

Denn hier stehen Jacob Engstrand und ich!

Pastor Manders. Ja, ja, aber —?

Engstrand (leiser). Und Jacob Engstrand ist nicht der Mann, der einen würdigen Wohlthäter in der Stunde der Noth verläßt, wie man so sagt.

Pastor Manders. Ja, mein Bester — aber wie?

Engstrand. Jacob Engstrand ist wie ein rettender Engel, Herr Pastor!

Pastor Manders. Nein, nein, das kann ich wahrlich nicht annehmen.

Engstrand. O, es wird aber trotzdem geschehen. Ich kenne einen, der schon einmal die Schuld anderer auf sich genommen hat.

Pastor Manders. Jacob! (Drückt seine Hand.) Sie sind ein seltener Mensch. Nun, Ihnen soll auch zu Ihrem Seemanns-Asyl verholfen werden; darauf können Sie sich verlassen.

Engstrand (vermag vor Rührung nicht zu danken).

Pastor Manders (hängt sich die Reisetasche um). Und jetzt von dannen. Wir beide reisen zusammen.

Engstrand (an der Speisezimmerthür leise zu Regine). Geh' mit mir, Mädchen! Du sollst wie eine Prinzessin leben.

Regine (wirft den Kopf zurück). *Merci!* (Geht in das Vorzimmer und holt die Reisekleider des Pastors.)

Pastor Manders. Leben Sie wohl, Frau Alving. Gott gebe, daß der Geist der Ordnung und der Gesetzlichkeit recht bald seinen Einzug in dieses Haus halte.

Frau Alving. Leben Sie wohl, Manders! (Sie geht ins Blumenzimmer, da sie Oswald durch die Gartenthür eintreten sieht.)

Engstrand (indem er und Regine dem Pastor mit dem Anziehen des Ueberrocks behilflich sind). Lebe wohl, mein Kind. Und wenn dir etwas zustoßen sollte, so weißt du, wo Jacob Engstrand zu finden ist. (Leise.) Kleine Hafengasse, hm —! (Zu Frau Alving und Oswald.) Und das Haus für die fahrenden Seeleute soll heißen »Kammerherr Alvings Asyl«. Und wenn ich das Haus nach meinem Kopf leiten darf, so kann ich versprechen, daß es des verstorbenen Kammerherrn würdig sein wird!

Pastor Manders (in der Thür). Hm — hm! Kommen Sie nur, mein lieber Engstrand. — Leben Sie wohl; leben Sie wohl! (Er und Engstrand durch das Vorzimmer ab.)

Oswald. Was war das für ein Haus, von dem er sprach?

Frau Alving. Es ist eine Art Asyl, das er und Pastor Manders gründen wollen.

Oswald. Es wird auch abbrennen, wie das Ganze hier.

Frau Alving. Wie kommst du auf den Gedanken?

Oswald. Alles wird verbrennen. Nichts bleibt übrig, das an Vater erinnert. Ich gehe ja auch umher und verbrenne.

Regine (sieht ihn erschreckt an).

Frau Alving. Oswald! Du hättest nicht so lange da unten bleiben sollen, mein armer Junge.

Oswald (setzt sich an den Tisch). Ich glaube beinahe, du hast Recht.

Frau Alving. Laß mich dein Gesicht abtrocknen, Oswald. Du bist ganz naß. (Trocknet ihn mit ihrem Taschentuch ab.)

Oswald (starrt gleichgiltig vor sich hin). Danke, Mutter.

Frau Alving. Bist du nicht müde, Oswald? Willst du schlafen?

Oswald (angstvoll). Nein, nein, — nicht schlafen! — Ich schlafe niemals! Ich stelle mich nur zuweilen schlafend. (Schleppend.) Es wird bald genug kommen.

Frau Alving (sieht ihn kummervoll an). Ja, du bist aber trotzdem krank, mein geliebter Junge.

Regine (gespannt). Ist Herr Alving krank?

Oswald (ungeduldig). Und dann schließt alle Thüren! O! diese tödtliche Angst —

Frau Alving. Schließ die Thüren, Regine.

(**Regine** thut es und bleibt an der Thür des Vorzimmers stehen. **Frau Alving** legt ihr Tuch ab, **Regine** ebenfalls.)

Frau Alving (rückt einen Stuhl an Oswalds Seite und setzt sich zu ihm). So, jetzt setze ich mich zu dir. —

Oswald. Ja, thu das. Und Regine soll auch hier bleiben. Regine muß immer um mich sein. Du wirst mir hilfreiche Hand leisten, nicht wahr, Regine?

Regine. Ich verstehe nicht —

Frau Alving. Hilfreiche Hand leisten?

Oswald. Ja — wenn es nöthig sein wird.

Frau Alving. Oswald, hast du nicht deine Mutter, die dir jeden Liebesdienst leistet?

Oswald. Du? — (Lächelt.) Nein Mutter, d e n Liebesdienst wirst du mir n i c h t erweisen. (Lächelt schwermüthig.) Du! Ha — ha! (Blickt sie ernst an.) Uebrigens wärst du ja die nächste dazu! (Heftig.) Weshalb nennst du mich nicht »Du«, Regine? Weshalb nennst du mich nicht Oswald?

Regine (leise). Ich glaube nicht, daß es der gnädigen Frau Recht wäre.

Frau Alving. Binnen kurzem gebe ich dir die Erlaubnis dazu. — Und jetzt setz dich her zu uns.

Regine (setzt sich langsam und leise an die andere Seite des Tisches).

Frau Alving. Und nun werde ich die schwere Bürde von deiner Seele nehmen, mein armer, gequälter Junge —

Oswald. Du, Mutter?

Frau Alving. — alles das, was du Gewissensbisse und Reue und Vorwürfe nennst —

Oswald. Glaubst du, daß du das kannst?

Frau Alving. Ja, j e t z t kann ich es, Oswald. Du sprachst vorhin von der Lebensfreudigkeit; und da sah ich plötzlich mein ganzes Leben in einem neuen Licht.

Oswald (schüttelt den Kopf). Davon verstehe ich nichts.

Frau Alving. Du hättest deinen Vater kennen sollen, als er noch junger Lieutenant war. In i h m war Lebensfreudigkeit, — das kannst du glauben!

Oswald. Ja, das weiß ich.

Frau Alving. Es war wie Frühlingswetter, wenn man ihn nur ansah. Und dann diese unbändige Kraft, diese Lebhaftigkeit in ihm!

Oswald. Nun und —?

Frau Alving. Und nun mußte dies lebensfrohe Kind — denn damals w a r er nichts anderes als ein Kind — mußte es hier in einer halbgroßen Stadt umher gehen, die keine erhebende F r e u d e, sondern nur V e r g n ü g u n g e n zu bieten vermag. Hier mußte er bleiben, ohne einen L e b e n s z w e c k zu haben; — er hatte nur ein A m t. Er sah nirgend eine A r b e i t, der er sich mit all seinen Kräften hätte widmen können; — er hatte nur eine Beschäftigung. Er besaß keinen Kameraden, der im Stande gewesen wäre, mit ihm zu empfinden, was Lebensfreudigkeit ist; — er hatte nur Zechbrüder, er kannte nur Müßigänger —

Oswald. Mutter!

Frau Alving. So kam es dann, wie es kommen mußte.

Oswald. Und wie mußte es kommen?

Frau Alving. Du selbst hast heute Abend schon gesagt, was aus dir werden würde, wenn du hier zu Hause bliebest.

Oswald. Willst du damit sagen, daß Vater —?

Frau Alving. Dein armer Vater hat niemals eine Ableitung für seine übergroße Lebensfreudigkeit gefunden. Auch ich brachte den Frühling nicht in sein Heim.

Oswald. Auch du nicht?

Frau Alving. Man hatte mich etwas gelehrt von Pflichten und dergleichen, an die ich bis dahin geglaubt hatte. Alles mündete nur in Pflichten aus, — — in meine Pflichten und seine Pflichten und — — Oswald, ich fürchte, ich habe deinem armen Vater das Heim unerträglich gemacht.

Oswald. Weshalb hast du mir darüber nie etwas geschrieben?

Frau Alving. Es erschien mir ja bis jetzt niemals in einem solchen Lichte, daß ich es dir, seinem Sohne gegenüber hätte berühren können.

Oswald. Nun — und wie sahst du es denn bis dahin an?

Frau Alving (langsam). Ich sah nur das eine, daß dein Vater ein gebrochener Mann war ehe du geboren wurdest.

Oswald (gedämpft). Ah —! (Er erhebt sich und geht ans Fenster.)

Frau Alving. Und dann dachte ich Tag aus, Tag ein nur an die e i n e Sache, daß Regine hier eigentlich eben so gut ins Haus gehöre — wie — mein eigenes Kind!

Oswald (wendet sich schnell). Regine —!

Regine (springt auf und fragt mit gedämpfter Stimme). Ich —!

Frau Alving. Ja — nun wißt ihr es beide.

Oswald. Regine!

Regine (vor sich hin). Mutter war also auch eine solche —

Frau Alving. Deine Mutter hatte viele gute Seiten, Regine.

Regine. Ja, aber trotzdem war sie — — — Zuweilen habe ich mir das wohl gedacht; — aber — — — Gnädige Frau, erlauben Sie, daß ich auf der Stelle reise?

Frau Alving. Willst du fort, Regine?

Regine. Ja, gewiß will ich das.

Frau Alving. Du hast natürlich deinen Willen, aber —

Oswald (geht zu Regine). Jetzt willst du reisen? Du gehörst ja hierher.

Regine. *Merci*, Herr Alving; — nun, jetzt werde ich wohl Oswald sagen dürfen. Aber s o hatte ich es nicht gemeint.

Frau Alving. Regine, ich bin nicht offen gegen dich gewesen --

Regine. Nein, leider nicht! Hätte ich gewußt, daß Oswald kränklich sei, so —. Und da es jetzt auch nicht Ernst mit uns beiden werden kann —. Nein, ich kann nicht hier draußen auf dem Lande bleiben und mich für kranke Leute abmühen.

Oswald. Nicht einmal für einen, der dir so nahe steht?

Regine. Nein, ich kann es wahrhaftig nicht. Ein armes Mädchen muß seine Jugend ausnützen; sonst kann man ehe man sich's versieht auf dem Strohsack liegen. Und i c h habe auch Lebensfreudigkeit in mir, gnädige Frau!

Frau Alving. Ja, leider; aber wirf dich nicht fort, Regine.

Regine. Nun, wenn's geschieht, so hat es wohl geschehen müssen. Artet Oswald seinem Vater nach, so arte ich vermuthlich meiner Mutter nach. — Darf ich fragen, Frau Alving, ob Pastor Manders diese Angelegenheit kennt?

Frau Alving. Pastor Manders weiß alles.

Regine (ist emsig mit ihrem Tuche beschäftigt). Ja, dann muß ich sehen, so schnell wie möglich mit dem Dampfschiff fort zu kommen. Ich möchte gern mit dem Pastor zusammen reisen. Und dann scheint es mir auch, daß ich eben so viel Recht an jenes Geld habe wie er, — der elende Tischler.

Frau Alving. Das Geld soll dir gegönnt sein, Regine.

Regine (sieht sie starr an). Frau Alving, Sie hätten mich wohl wie das Kind eines vornehmen Mannes erziehen lassen können; das hätte besser für mich gepaßt. (Wirft den Kopf zurück.) — Aber nun ist's geschehen! Es ist schließlich auch gleichgiltig! (Mit einem gehässigen Seitenblick auf die Champagnerflasche.) Ich kann vielleicht doch noch einmal Champagner mit vornehmen Leuten trinken!

Frau Alving. Und wenn du dich nach einem Heim sehnst, Regine, so komm zu mir.

Regine. Nein, ich danke Ihnen, Frau Alving. Pastor Manders wird sich meiner wohl annehmen. Und wenn es mir sehr schlecht gehen sollte, so weiß ich ja immer noch ein Haus, wo ich hin gehöre.

Frau Alving. Und das wäre?

Regine. Kammerherr Alvings Asyl.

Frau Alving. Regine, — jetzt sehe ich es klar, — du wirst zu Grunde gehen!

Regine. Ah, bah! — Adieu. (Sie grüßt und geht durch das Vorzimmer ab.)

Oswald (steht am Fenster und blickt hinaus). Ist sie gegangen?

Frau Alving. Ja.

Oswald (murmelt vor sich hin). Ich glaube, dies hier war verkehrt.

Frau Alving (geht zu ihm und legt die Hände auf seine Schultern). Oswald, mein lieber Sohn, — hat es dich sehr ergriffen?

Oswald (wendet ihr das Gesicht zu). Diese Dinge über Vater, meinst du?

Frau Alving. Ja, über deinen unglücklichen Vater. Ich fürchte jetzt, daß es dich zu sehr erschüttert hat.

Oswald. Was fällt dir ein? Es kam mir natürlich höchst überraschend; aber im Grunde kann es mir ja ganz gleichgiltig sein.

Frau Alving (zieht ihre Hände zurück). Gleichgiltig! — Daß dein Vater so grenzenlos unglücklich war!?

Oswald. Natürlich hege ich Theilnahme für ihn wie für jeden andern, aber —

Frau Alving. Nichts anderes? — Für deinen eigenen Vater!

Oswald (ungeduldig). Ja, Vater — Vater — Vater! Ich habe meinen Vater ja niemals gekannt. Ich habe keine andere Erinnerung an ihn, als daß er mir einmal Uebelkeit verursacht hat.

Frau Alving. Es ist entsetzlich, das zu denken! Sollte ein Kind nicht trotzdem Liebe für seinen Vater hegen?

Oswald. Wenn ein Kind seinem Vater für nichts zu danken hat? Wenn es ihn gar nicht gekannt hat? Hältst du wirklich noch an dem alten Aberglauben fest, du, die du doch sonst so aufgeklärt bist?

Frau Alving. Und das sollte nur Aberglaube sein —!

Oswald. Ja, das mußt du doch einsehen, Mutter. Dies ist auch eine von jenen Ansichten, die in der Welt in Umlauf gesetzt werden und dann —

Frau Alving (erschüttert). Gespenster!

Oswald (geht durch das Zimmer). Ja, du kannst sie wahrlich Gespenster nennen!

Frau Alving (aufschreiend). Oswald, — dann liebst du mich auch nicht!

Oswald. Dich kenne ich ja doch —

Frau Alving. Ja, du kennst mich — aber das ist auch alles!

Oswald. Und dann weiß ich ja, wie lieb du mich hast; dafür muß ich dir dankbar sein. Du kannst mir auch so unendlich nützlich sein, jetzt, wo ich krank bin.

Frau Alving. Ja, nicht wahr, Oswald? Das kann ich. Ach, ich könnte diese Krankheit beinahe segnen, die dich zu mir nach Hause getrieben hat. Denn ich sehe es wohl ein; ich h a b e dich nicht, ich muß dich erst g e w i n n e n.

Oswald (ungeduldig). Ja, ja, ja; dies sind lauter Redensarten. Du darfst nicht vergessen, Mutter, daß ich ein kranker Mensch bin. Ich kann mich nicht so viel mit andern beschäftigen; ich habe genug mit mir selbst zu thun.

Frau Alving (leise). Ich werde genügsam und geduldig sein.

Oswald. Und froh und lustig, Mutter!

Frau Alving. Ja, mein lieber Junge, du hast Recht. (Geht zu ihm.) — Habe ich jetzt allen Kummer und alle Gewissensbisse von dir genommen?

Oswald. Ja, das hast du. — Aber wer wird die Angst von mir nehmen?

Frau Alving. Die Angst?

Oswald (auf und ab gehend). Regine würde es für ein gutes Wort gethan haben.

Frau Alving. Ich verstehe dich nicht. Was ist's mit der Angst — und mit Regine?

Oswald. Ist es spät in der Nacht, Mutter?

Frau Alving. Es ist schon früh am Morgen. (Sieht in das Blumenzimmer hinein.) Der Tag beginnt schon die Bergspitzen zu erhellen. Und heute wird es ein klarer Tag, Oswald! — Bald wirst du die Sonne sehen.

Oswald. Darauf freue ich mich. — Ach, es giebt ja doch noch so viel, wofür ich leben, worauf ich mich freuen kann —

Frau Alving. Das sollte ich auch glauben!

Oswald. Wenn ich auch nicht arbeiten kann, so —

Frau Alving. O, jetzt wirst du bald wieder arbeiten können, mein lieber Sohn. Nun hast du ja nicht mehr all diese nagenden, drückenden Gedanken, die dich quälen.

Oswald. Nein, es ist gut, daß du mir all diese Einbildungen genommen hast. Und wenn ich jetzt nur noch über dies eine fort kommen kann — — (Setzt sich aufs Sopha.) Jetzt wollen wir mit einander plaudern, Mutter —

Frau Alving. Ja, laß uns das thun. (Sie schiebt einen Lehnstuhl zum Sopha und setzt sich dicht neben Oswald.)

Oswald. — und inzwischen wird die Sonne aufgehen. Und dann weißt du es. Und ich habe nicht mehr diese fürchterliche Angst.

Frau Alving. Was soll ich wissen?

Oswald (ohne auf sie zu hören). Mutter, hast du heute Abend nicht gesagt, daß es gar nichts auf der Welt gäbe, was du nicht für mich thun würdest, wenn ich dich darum bäte?

Frau Alving. Ja, das habe ich allerdings gesagt!

Oswald. Und du bleibst dabei, Mutter?

Frau Alving. Darauf kannst du bauen, mein einziger, lieber Sohn. Ich lebe ja nur für dich allein.

Oswald. Ja, ja, nun sollst du hören. — Du, Mutter, du hast eine starke, kraftvolle Seele, das weiß ich. — Du mußt ganz ruhig bleiben, wenn du es erfährst.

Frau Alving. Aber ist es denn etwas so Entsetzliches —!

Oswald. Du darfst nicht aufschreien. Hörst du? Versprichst du mir das? Wir werden ganz still sitzen und darüber sprechen. Versprichst du mir das, Mutter?

Frau Alving. Ja, ja, ich verspreche es dir; aber sprich nur!

Oswald. Nun, du mußt also wissen, daß das mit der Müdigkeit, — und daß ich an keine Arbeit denken darf — daß alles dies nicht die eigentliche Krankheit ist —

Frau Alving. Was ist denn die eigentliche Krankheit?

Oswald. Die Krankheit, welche ich als Erbtheil bekommen, die — (zeigt auf die Stirn und fügt ganz leise hinzu) — die sitzt hier.

Frau Alving (beinahe sprachlos). Oswald! — Nein — nein!

Oswald. Nicht aufschreien! Ich kann es nicht ertragen. Ja, Mutter, sie sitzt hier drinnen und lauert. Und sie kann zu jeder Zeit, zu jeder Stunde hervorbrechen.

Frau Alving. O, welches Entsetzen —! —

Oswald. Sei nur ruhig. — So steht es mit mir —

Frau Alving (springt auf). Es ist nicht wahr, Oswald! Es ist unmöglich! Es kann nicht sein!

Oswald. Dort unten habe ich einen Anfall gehabt. Er ging schnell vorüber. Als ich aber erfuhr, was mit mir vorgegangen, da kam die rasende, jagende Angst über mich — und ich reiste so schnell wie möglich zu dir nach Hause.

Frau Alving. Das ist also die Angst —!

Oswald. Ja, denn siehst du, dies ist so unbeschreiblich grauenhaft. O, wäre es nur eine gewöhnliche Todeskrankheit gewesen —! Denn ich fürchte mich ja nicht vor dem Tode, obgleich ich gern so lang wie möglich leben möchte.

Frau Alving. Ja, ja, Oswald, das mußt du auch!

Oswald. Aber dies! Dies ist so grauenhaft abscheulich. Wieder zum kleinen Kinde zu werden; gefüttert werden müssen — O! — es ist nicht zu beschreiben!

Frau Alving. Das Kind hat seine Mutter, die es pflegt.

Oswald (springt auf). Nein, niemals; das ist es grade, was ich nicht will! Ich ertrage den Gedanken nicht, daß ich vielleicht viele Jahre so daliegen könnte, — alt und grau werden. Und du könntest vielleicht noch vor mir sterben. (Setzt sich auf Frau Alvings Stuhl.) — Denn es braucht ja nicht gleich tödtlich zu enden, sagt der Arzt. Er nannte es eine Art Weichheit im Gehirn — — oder etwas Aehnliches. (Lächelt müde.) Die Bezeichnung klingt so hübsch, nicht wahr? Ich muß immer an kirschrothe Draperien denken, — an etwas, das zart und weich zu streicheln ist.

Frau Alving (schreit auf). Oswald! Oswald!

Oswald (springt wieder auf und geht im Zimmer hin und her). Und nun hast du Regine von mir genommen! Wenn ich sie nur gehabt hätte. Sie würde mir jene Handreichung schon geleistet haben!

Frau Alving (geht zu ihm). Was meinst du damit, mein geliebtes Kind? Giebt es irgend einen Liebesdienst auf der Welt, den ich dir nicht leisten würde?

Oswald. Als ich mich dort unten nach jenem Anfall erholt hatte, so sagte der Arzt mir, daß wenn es wieder käme, — und es kommt wieder — — so sei k e i n e Hoffnung mehr.

Frau Alving. Und er war herzlos genug, dir das —

Oswald. Ich verlangte es von ihm. Ich sagte ihm, daß ich Verfügungen zu treffen hätte — (Lächelt listig.) — Und das hatte ich auch. (Zieht aus der inneren Brusttasche eine kleine Schachtel hervor.) Mutter, siehst du dies hier?

Frau Alving. Was ist das?

Oswald. Morphiumpulver.

Frau Alving (sieht ihn entsetzt an). Oswald, mein Liebling —?

Oswald. Ich habe zwölf Kapseln zusammen gespart —

Frau Alving (greift nach der Schachtel). Gieb mir die Schachtel, Oswald!

Oswald. Noch nicht, Mutter. (Steckt die Schachtel wieder in die Tasche.)

Frau Alving. Dies überlebe ich nicht!

Oswald. Es muß überlebt werden. Wenn ich Regine jetzt hier gehabt hätte, so würde ich ihr gesagt haben, wie es mit mir steht — und ich würde sie um diese letzte Handreichung gebeten haben. S i e würde mir geholfen haben; dessen bin ich gewiß.

Frau Alving. Niemals!

Oswald. Wenn das Entsetzliche über mich gekommen wäre, und sie hätte mich hilflos da liegen sehen wie ein kleines Kind, unrettbar, verloren, hoffnungslos — keine Rettung möglich —

Frau Alving. Nie und nimmer würde Regine das gethan haben!

Oswald. Regine w ü r d e es gethan haben. Regine war so wunderbar leichtsinnig. Und sie wäre auch bald müde geworden, einen Kranken wie mich zu pflegen.

Frau Alving. Dann sei Gott Lob und Dank, daß Regine nicht mehr hier ist!

Oswald. Ja, Mutter, nun mußt d u mir jenen Dienst leisten!

Frau Alving (schreit laut auf). Ich!

Oswald. Wer steht mir denn näher als du?

Frau Alving. Ich! Deine Mutter!

Oswald. Grade deshalb!

Frau Alving. Ich, die dir das Leben gegeben!

Oswald. Ich habe dich nicht um das Leben gebeten. Und

welch ein Leben hast du mir gegeben? Ich will es nicht! Du kannst es zurück nehmen!

Frau Alving. Hilfe! Hilfe! (Läuft ins Vorzimmer.)

Oswald (ihr nach). Geh' nicht von mir! Wohin willst du?

Frau Alving (im Vorzimmer). Einen Arzt holen, Oswald! Laß mich hinaus!

Oswald (ebenfalls im Vorzimmer). Du kommst nicht hinaus. Und niemand kommt herein. (Dreht den Schlüssel um.)

Frau Alving (kommt wieder herein). Oswald! Oswald! — mein Kind!

Oswald (folgt ihr). Hast du das Herz einer Mutter für mich — du, die mich so namenlose Angst erdulden sieht!

Frau Alving (nach einem Augenblick, sich beherrschend). Hier hast du meine Hand darauf.

Oswald. Du willst —?

Frau Alving. Wenn es nothwendig ist. Aber es wird nicht nothwendig sein. Nein, nein, es ist ja nicht möglich!

Oswald. Laß uns hoffen, Mutter. Und laß uns zusammen leben, so lange wir können. — — Danke, Mutter! (Er setzt sich in den Lehnstuhl, welchen Frau Alving an das Sopha geschoben hat. Der Tag bricht an. Die Lampe brennt noch immer.)

Frau Alving (nähert sich ihm behutsam). Bist du jetzt ruhiger, mein Kind?

Oswald. Ja.

Frau Alving (über ihn gebeugt). Oswald, das ist eine entsetzliche Einbildung bei dir gewesen. Alles nur Einbildung! All diese Aufregungen sind zu viel für dich gewesen. Aber jetzt sollst du ausruhen. Daheim bei deiner

Mutter, du mein gesegneter Junge. Du sollst alles haben, was du willst, grade so wie damals, als du noch ein kleines Kind warst. — Siehst du! Jetzt ist der Anfall vorüber. Und ganz leicht. Ach, ich wußte es ja. — Und siehst du, Oswald, den schönen Tag da draußen? Strahlender Sonnenschein. Jetzt kannst du die Heimat so recht sehen. (Sie geht an den Tisch und löscht die Lampe aus. Die Gletscher und Berggipfel im Hintergrunde liegen in strahlendem Sonnenschein da.)

Oswald (sitzt im Lehnstuhl mit dem Rücken gegen den Hintergrund, ohne sich zu rühren; plötzlich sagt er): Mutter, gieb mir die Sonne.

Frau Alving (am Tische, sieht ihn erschreckt an). Was sagst du?

Oswald (wiederholt dumpf und tonlos). Die Sonne. Die Sonne.

Frau Alving (zu ihm eilend). Oswald, wie ist dir?

Oswald (scheint im Stuhl zusammen zu schrumpfen; alle Muskeln erschlaffen; sein Gesicht wird ausdruckslos; die Augen werden blöde und stier).

Frau Alving (bebend vor Furcht). Was ist das! (Schreit laut.) Oswald! Was ist mit dir! (Wirft sich neben ihn auf die Kniee und schüttelt ihn.) Oswald! Oswald! Sieh mich an! Kennst du mich nicht?

Oswald (tonlos wie zuvor). Die Sonne. — Die Sonne.

Frau Alving (springt verzweifelt auf, fährt sich mit beiden Händen ins Haar und schreit): Dies ist unmöglich zu ertragen! (Flüstert wie erstarrt.) Wo hat er sie nur? (Fährt pfeilschnell über seine Brust.) Hier! (Weicht ein paar Schritte zurück und ruft:) Nein; — nein; — nein! — Doch! — Nein, nein! (Sie steht ein paar Schritte von ihm, den Kopf mit beiden Händen gepackt, und starrt ihn wie in sprachloser Furcht an.)

Oswald (unbeweglich wie zuvor, sagt): Die Sonne. — Die Sonne.

Ende.

www.ingramcontent.com/pod-product-compliance
Lightning Source LLC
Chambersburg PA
CBHW030409170426
43202CB00010B/1545